レクチャー
租税法解釈入門

第2版

酒井克彦
Katsuhiko Sakai

著

JN037798

弘文堂

第2版はしがき

　本書を世に問うてから、はや8年が経過しようとしています。その間、多くの読者を得て、度重なる増刷をしてまいりました。

　できるだけ汎用性の高い書籍内容としたいという思いから、あまり細かい租税法上の取扱いについての記述は避けていたこともあって、改訂ではなく増刷で対応してまいりましたが、それでも多くの条文の改正などもあり、この度、いよいよ版を改めることといたしました。

　第2版では、初版にはなかった法解釈の原則的なルールを第2部の冒頭において提示しています。そこでは、法解釈の原則的なルールである「所管事項の原則」、「形式的効力の原則」、「特別法優先の原則」、「後法優位の原則」の内容やそれぞれの原則の優先適用順序についての解説をするだけでなく、そもそも法の解釈・適用とは何かについて説明を加えております。そのほか、読者に理解を深化していただくために、応用的な内容につき「レベルアップ」としていくつかの追記を設けました。

　初版のはしがきにも書きましたが、本書は、具体的な事例を用いながら租税法の解釈適用を行うに当たっての基礎的な部分を解説しようとするものです。筆者はこれまでにも多くの租税法の解釈論に係る論稿を発表し、研究してまいりました。そのようなこともあって、とりわけ今日の租税法解釈論をめぐる議論には関心を持っております。

　筆者の問題関心としては、はたして文理解釈は本当に重視されるべきものなのかとか、借用概念統一説は常に万能な解釈姿勢なのかなどといった根本的な疑問が頭から離れることはありません。実際に、このような基本的な問題をめぐって学説上では様々な議論が展開されているのが現状です。このような意味では、読者のみなさんにお伝えしている本書の記述は、ごくごく初歩的なものと捉えていただければと思います。本書を通じて租税法の解釈論に関心を寄せていただければ、更に理解を深めるために次のステップへと進

まれることになるでしょう。本書の役割はそこにあると考えております。

　改訂版の刊行に当たっても、弘文堂編集部の北川陽子さんの肌理の細かい校正作業に大変助けられました。この場をお借りして、心より御礼申し上げます。

　また、筆者が代表を務める一般社団法人ファルクラムの佐藤総一郎氏、手代木しのぶ氏、臼倉真純氏には大変お世話になりました。厚く感謝申し上げます。

令和5年7月

酒井克彦

はしがき

　「租税負担をいかに国民の間で分配するか」については、議会制民主主義の
もと、国民の代表者による議会に、その決定が委ねられています。すなわち、
議会が決めたルールに従って、国民が租税負担というパイを分かち合うこと
になるのです。したがって、自らが選挙で選んだ代表者（議員）が決定した租
税負担の分配について、国民はそれを同意したものとされ（自己同意）、その
決定されたルールに従って納税の義務を負うこととされているわけです。こ
れを「租税法律主義」といい、憲法にその旨が宣言されています。

　さて、このような仕組みに基づいてできたルール（租税法）の解釈適用の場
面においては、一般に、厳格さが要請されるといわれていますが、具体的に
は、どのように条文を読み、事実への当てはめを行えばよいのでしょうか。
これは、租税法を学ぶ者にとって必ずしも平易な問題ではありません。

　租税法の解釈適用を巡る訴訟には膨大な数の事例が存在していますが、そ
れらの訴訟では、長い間課税実務が採用してきたとされる解釈が裁判所に
よって否定されるケースも少なくありません。議会での決定事項を尊重する
のであれば、民主的なシステムのもとで国民が同意した条文の解釈に当たっ
ては、これを安易に拡張したり縮小したりすることによる租税行政庁におけ
る恣意的な課税だけでなく、納税者における自己に都合のよい解釈も排除さ
れなければならないでしょう。

　他方で、条文どおりに適用した場合に、議会の意思に反するような結果と
なることがあり得ます。そのような場合、国民はその瑕疵をも含めて自己同
意したとみるべきなのか、あるいは議会の意思はそこにはないとして、議会
意思を尊重した解釈を展開すべきなのかは難しい問題です。これは租税法の
解釈論に内在する興味深い問題です。

　本書は、租税法の解釈論の基礎を確認するためのものとして、税理士など

の租税専門家の方々を中心に読んでいただくことを考えて企画したものです。とかく、解釈論の基礎的学習などというと、抽象的な叙述に終始してしまいがちですが、筆者の有する実務的問題への強い関心から、できるだけ具体的な事例を素材に用いて解説を行っています。ここで取り上げている事例の多くは有名なものばかりですが、具体的な解説を読み進めていただければ、必ずや有益な発見があると思います。租税専門家のみなさんも、是非、実務に活かせる租税法の解釈論を改めて確認していただきたいと思って執筆をいたしました。

　本書は以下の3部構成によっています。

　第1部「租税法律主義」では、租税法律主義の意義を確認したうえで、租税法の解釈に厳格さが求められるゆえんを解説しています。ここでは、租税法の解釈論の前提となる租税法律主義の自由主義的側面と民主主義的側面の理解を目指します。

　第2部「解釈論」では、第一義的な解釈手法である文理解釈について、いくつかの具体的事例を素材として解説しています。そのうえで、各種の目的論的解釈の手法についても具体的事例を紐解きながら確認していきます。なぜ、文理解釈だけでなく、法律の趣旨に合致させる解釈手法が採用され得るのかという点について、しっかりと学習していきます。

　第3部「概念論」では、まず、借用概念論の通説である統一説を確認します。そのうえで、事案の分析を通じて借用概念論に内在する制約や問題点などについて詳述し、目的適合説についても考えます。

　上述のとおり、本書は、実務家にとって必要と思われる租税法の解釈論の基礎的学習に主眼を置き、また簡明な表現により読者の理解しやすさを優先したことから、反対説等への言及は必ずしも十分なものとはいえません。また、基礎的理解を優先させるため、先行業績や関連業績を十分に紹介することもしておりません。

本書の刊行は、弘文堂編集部の北川陽子さんと企画の段階からの打ち合わせを重ねたうえで進められました。北川さんの手がけてこられた編集者としての業績は、ここで改めて述べるまでもなく、金子宏東京大学名誉教授の『租税法』をはじめ、租税法の名著ばかりです。北川さんのきめの細かいご意見や様々なアイデアに支えられての作業でした。また、筆者の遅筆ゆえに多大なるご迷惑をお掛けしました。ここにお礼とお詫びを申し上げたいと存じます。

　また、執筆内容のチェックに惜しまぬ協力をしてくれた一般社団法人ファルクラムの佐藤総一郎氏、臼倉真純氏ほか酒井研究室の諸氏、表紙デザインへの協力をお願いした秘書の手代木しのぶ氏には厚く感謝申し上げます。

　本書の執筆に当たっては、以下の筆者の論稿を基礎に大幅に加筆修正を施しております。ご理解をいただいた、株式会社プロフェッションネットワーク、株式会社財経詳報社および一般財団法人大蔵財務協会には、この場を借りてお礼を申し上げます。

・「深読み租税法〔第4回〜第6回、第7回〜第12回、第16回〜第30回〕」プロフェッションジャーナル
・「租税法の解釈において、何故に厳格さが要請されるのか（上）(中)(下)」税務事例47巻3号、4号、6号
・「Tax Lounge」税のしるべ

平成27年8月

酒井克彦

凡　例

　本書では、本文中は原則として正式名称を用い、主に（　）内において下記の略語を使用している。

　また、読者の便宜を考慮し、判決・条文や文献の引用において、漢数字等を算用数字に変え、「つ」等の促音は「っ」と小書きしている。なお、下線部分は特に断りのない限り筆者が付したものである。

【法令】

憲	日本国憲法	所令	所得税法施行令
民	民法	法法	法人税法
商	商法	相法	相続税法
法通法	法の適用に関する通則法	消法	消費税法
通法	国税通則法	措法	租税特別措置法
所法	所得税法	IRC	米国内国歳入法

【判例集・雑誌等】

民集	最高裁判所民事判例集	ジュリ	ジュリスト
刑集	最高裁判所刑事判例集	シュト	シュトイエル
集民	最高裁判所裁判集民事	判評	判例評論
行集	行政事件裁判例集	租税	租税法研究
訟月	訟務月報	税通	税経通信
税資	税務訴訟資料	税法	税法学
金法	金融法務事情	ひろば	法律のひろば
判時	判例時報	法セ	法学セミナー
判タ	判例タイムズ	民商	民商法雑誌

【文献】

金子・租税法	金子宏『租税法〔第24版〕』（弘文堂・2021）
清永・税法	清永敬次『税法〔新装版〕』（ミネルヴァ書房・2013）
田中・租税法	田中二郎『租税法〔第3版〕』（有斐閣・1990）
水野・租税法	水野忠恒『大系租税法〔第4版〕』（中央経済社・2023）
酒井・フォローアップ	酒井克彦『フォローアップ租税法』（財経詳報社・2010）
酒井・ブラッシュアップ	酒井克彦『ブラッシュアップ租税法』（財経詳報社・2011）

第 1 部

租税法律主義

1. 租税法律主義

1………租税法律主義とは

ここに3人だけで構成される小さな社会があるとしよう。

どうしても、3人の社会で橋を造る必要に迫られ、費用300万円で橋を建設することになった。この橋は3人がみな利用するものなので、割り勘で費用300万円を負担することにした。この割り勘というルールが租税法である。このルールに従って、その社会の構成員はみな100万円という費用を租税という形で負担することになる。

さて、このような社会運営における共通経費をいかに負担するかのルールは、社会構成員全員で決定するのが望ましい。上記3人の社会であればそれも可能であろう。しかしながら、わが国の場合、来年に必要な何十兆円もの国家運営上の経費をどのように負担すべきかを決めるに当たって、実際に1億3,000万人が全員集まって決めるのは、そのような多くの国民を収容できる広い会議室がないことや、会議の日程調整が難しいことなどから、無理である。そこで、それぞれの地域から代表者を選出して、永田町という場所にある会議室（国会）で話し合うこととしている。

> **憲法41条**
> 国会は、国権の最高機関であって、国の唯一の立法機関である。

いってみれば、国民はそれぞれの地域における代表者に租税法（財政支出の負担ルール）の決定を委ねる仕組みを採用することで、国民の総意による租税法決定ルールを担保していることになる。すなわち、法律は国会においてのみ制定されるから（憲41）、国会のみが租税法の定立を行う場所である。これが租税法律主義である。そして、国民が国会を通して同意したもののみが

租税法である。このように租税法は国民の自己同意によるものというのが租税法律主義の前提である。

　憲法は、租税の負担に関するルールを国民意思の総意に基づくところで決定すべきことを要請している。それが憲法84条である。

　したがって、原則として、法律ではない行政上の命令（政令（施行令）や省令（施行規則）あるいは通達）によって租税負担の課税根拠を制定することは許されていないのである。もっとも、それは、法律の定める明確な基本的決定のもとに「細目的事項」について命令などで定めることまでを排除する趣旨ではなく、むしろ憲法はそれを予定しているとも解される。このことは、憲法84条が「法律又は法律の定める条件」と規定していることからも明らかである。

2………租税法律主義の実質的内容

　まず、憲法29条、30条、84条を確認しておきたい。

憲法29条
　　財産権は、これを侵してはならない。
憲法30条
　　国民は、法律の定めるところにより、納税の義務を負ふ。
憲法84条
　　あらたに租税を課し、又は現行の租税を変更するには、法律又は法律の定める条件によることを必要とする。

　憲法84条が定める租税法律主義とは、前述のとおり、国民に直接負担を求める租税については、その負担のルールを決定・変更する際には必ず国民の同意（自己同意）を得なければならないとする原則であり、「財産権の保障、租税負担の公平等をその実質的内容とする」（いわゆる金属マンガン事件仙台高裁昭和50年1月22日判決・行集26巻1号3頁）と理解されている。

　すなわち、憲法29条1項は、財産権の保障を謳っているが、国民が同意し

た法律によってのみ租税負担が課されるということは、逆にいえば、法律によらない租税負担は許されないのである。その意味では、財産権は国民が同意した法律の範囲内において、租税負担から隔離されることを意味することになろう。また、租税負担は国民が公平な課税の実現を求めて決定した法律に従ってなされることが保障されているのであるから、法律に従った租税負担である限りは、法律の要請する公平な課税が実現されるとみることもできよう。

租税法律主義は、このように財産権の保障や、租税負担の公平を実質的内容とするものであるが、より具体的には、図表 1 のような諸原則が導出されると一般に解されている。

■ **図表 1**

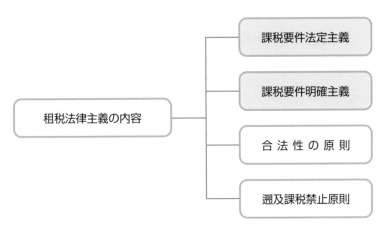

東京地裁昭和 37 年 5 月 23 日判決（行集 13 巻 5 号 856 頁）は、次のように説示している。

「租税法律主義は、課税要件を法定することにより行政庁の恣意的な徴税を排除し、国民の財産的利益が侵害されないようにするためのものであって、近代諸国の憲法の多くが重要な内容の一つに数えているものである。わが憲法第 84 条も『あらたに租税を課し、又は現行の租税を変更す

るには、法律又は法律の定める条件によることを必要とする』と規定し、租税法律主義の原則を宣明している。すなわちこれにより法律に根拠のない慣習法や命令による租税の賦課は許されないし、租税の種類、課税の根拠、納税義務者、課税物件、課税標準、税率等の課税要件に関する規定その他租税債務の変更消滅に関する実体規定のみならず、納税の時期、方式等に関する手続的規定についても、正当な立法手続を経た法律の定めを要すると解するのが相当である。したがって、租税法律主義の原則から課税要件はできるだけ詳細かつ網羅的に規定せられると共に、その内容の明確化が要請されるわけである。」

　東京地裁は、租税法律主義の要請からは、法律に根拠のない慣習法や相続税法施行令といった命令による租税の賦課が許されないとするばかりではなく、手続面における規定についても同様に法律の定めを要するとしたうえで、課税要件はできるだけ明確に規定されるべきとの課税要件明確主義が租税法律主義の内容として導き出されるとの立場を明らかにしている。

　このような租税法律主義のもと、租税法はどのように解されるべきであろうか。

2. 厳格解釈

　今日の通説的理解として、「租税法においては厳格な解釈が要請される」と解されているが、そもそも、なぜ租税法の解釈には厳格さが求められるのであろうか。

　ここでは、こうした「租税法解釈の厳格さ」について、種々の判例や学説等をふまえ検証してみたい。

1………厳格な解釈の要請

　法律の解釈手法を大別すれば、文理解釈といって条文に記載されている文章を文法どおりに素直に読み解釈すべきとする解釈手法と、目的論的解釈（論理解釈）といって、その法条の趣旨や目的に応じて柔軟に、時には条文の文章や概念の意味から離れて解釈を行うことも許されるべきとする解釈手法がある（この点は第2部において詳述する）。後者に比べて前者は厳格な解釈であるといわれている。すなわち、ここにいう厳格さとは、条文の文章や用語に忠実に解釈をすることを意味している。おおむね文理解釈を指すものと理解してもよい。

　以前は、租税法の文言に拘泥しすぎた文理解釈ではなく目的論的解釈をすることが租税法解釈として妥当であるとの見解が強く論じられた時期もあるが、今日においては、文理解釈による厳格さが要請されるとの見解が通説的であるといえよう（金子・租税法 123 頁、清永・税法 35 頁）。たとえば、いわゆる武富士事件最高裁平成 23 年 2 月 18 日第二小法廷判決（集民 236 号 71 頁。**12.** 参照）など、租税法について厳格な解釈を行うことにより租税回避を容認した最高裁判所の判断などもある。

　ここで、厳格さが要請される理由としては、大別して次の 4 つを挙げることができるだろう。

なお、これらは後述するとおり、相互に作用し合うものであって、必ずしも明確に区分できるわけではないことに留意しておきたい。

それらをふまえたうえで、以下、それぞれの性質を概観してみたい。

2………厳格な解釈が要請される理由

（1）　租税法が財産権の侵害規範であるため

租税法は国民の財産権の侵害規範であることから、国民の財産権保障の要請に対する配慮がなされなければならないことは当然の帰結である。租税法を厳格に解釈しなければならない理由として、この点が最も中心的に議論されてきた内容ともいえるだろう。

前述のとおり（1. 参照）、租税法律主義とは、国民の財産権に対する国家の課税権による侵害を、国民の意思たる法律によってのみ制限し得るとする原則である。租税の賦課徴収に関する実体的・手続的規定は、すべて国民の代表者で構成されている国会で制定する法律によって定められなければならず、法律の定める要件と手続によってのみ国家は租税を賦課徴収することができる。これは、憲法の要請するところである。

換言すると、課税範囲を法律によって明らかにすることにより、その範囲内においては国家の課税権行使が適法化されることになる。

また、これを国民の側からみると、かかる範囲を超えては租税を賦課徴収されない、すなわち財産権は侵害されないということになる。

この点につき、退職慰労金がみなし相続財産に含まれるか否かが争点となった事例において、大阪地裁昭和37年2月16日判決（民集26巻10号2030頁）は、次のように判示している。

「税法の解釈は、税法が課税を目的とするだけでなく、憲法の保障する財産権を課税の領域で保障することを目的とするものであるから、いわゆる租税法律主義の当然の帰結として、認識の対象たる法規の文言を離れ、無視し、または文言を置換し、附加することは許されないのであって、課税の目的のため恣意的にその負担の限度を拡大して解釈し、または納税義務者の利益のために縮少して解釈することは許されない。」

　つまり、租税法とは、財産権の保障原則を一定の範囲において制限する租税の賦課徴収を認める一方、その租税の賦課徴収の限界を定めている法規であるといえよう。

　すなわち、あくまで、憲法 29 条の要請する財産権の保障が大原則であるなか、その例外として機能するのが租税の賦課徴収である。その例外たる範囲を定めるものが租税法ということになる。

■ 図表 1

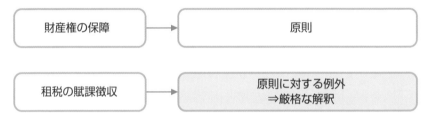

　図表 1 のように理解するものとして、いわゆる金属マンガン事件仙台高裁昭和 50 年 1 月 22 日判決（行集 26 巻 1 号 3 頁）を確認しておきたい。

　「租税の賦課徴収と国民における財産権の保障との関係が法理論的に後者が原則的であるのに対し、前者が例外的なものとして理解されるべきであるという形式的な観点……のみならず、財産権の保障、租税負担の公平等をその実質的内容とする租税法律主義の原則からいっても、租税法規ごとに課税要件規定は狭義に厳格になされなければならないことは異論のないところであろう〔。〕」

（2）　納税者の予測可能性を担保するため

　次に、納税者の予測可能性の担保の点については、いわゆる「罪刑法定主義」の思想が参考になると思われる。

　罪刑法定主義とは、国民の自由な行動を確保するため、刑法においてあらかじめ刑罰を科されるべき犯罪を明確にしておかなければならないという原則である。「法律なければ犯罪なく、法律なければ刑罰なし」という罪刑法定主義は刑法分野における当然の重要原則である。憲法31条は、「何人も、法律の定める手続によらなければ、その生命若しくは自由を奪はれ、又はその他の刑罰を科せられない。」として、この罪刑法定主義を規定している。

　さて、わが国の租税法においては、租税法律主義のもと、課税要件法定主義が求められ、その当然の帰結として、課税要件明確主義が要請されている。

　課税要件法定主義とは、国民の自由を保障する罪刑法定主義になぞらえて作られた原則であることから、租税法律関係においても、罪刑法定主義の議論が当てはまるのではなかろうか。すなわち、財産権保障の観点から納税者の予測可能性を担保することの要請が働くはずである。

　たとえば、この点について金子宏東京大学名誉教授は次のように述べておられる。

> 「租税の問題は、多くの経済取引において、考慮すべき最も重要なファクターであり、合理的経済人であるならば、その意思決定の中に租税の問題を組み込むはずである。その意味では、いかなる行為や事実からいかなる納税義務が生ずるかが、あらかじめ法律の中で明確にされていることが好ましい。」（金子・租税法79頁）

　この点に触れた判決は多々あるが、たとえば、いわゆる徴税トラの巻事件大阪地裁昭和42年5月11日判決（刑集31巻7号1136頁）は、次のように判示する。

> 「税務行政においては租税法律主義が貫徹される結果、法的安定性の要

請上税務当局の行う租税法規の解釈、適用及びその前提たる租税要件事実の認定は納税者たる国民の側において予測されるものでなければならない。いかなる規準にしたがって租税要件事実が認定されるか、認定された事実に対して如何なる租税法規が適用されるかということを納税者が予測できてこそはじめて租税法の領域における国民の法律生活が安定するのであり、これらの点が不安定で予測不能である限り租税法秩序は成立せず租税法律主義の営む国民の財産権の保障的機能は滅却してしまう。」

また、そのほかにも、歯科技工業が消費税法施行令 57 条《中小事業者の仕入れに係る消費税額の控除の特例》5 項 3 号に定める第三種事業（製造業）に該当するか否かが争点とされた事例である名古屋地裁平成 17 年 6 月 29 日判決（訟月 53 巻 9 号 2665 頁）では、次のように説示されている。

「租税法中の用語は、当該法令ないし他の国法によって定義が与えられている場合は、これによるべきことは当然であるが、そうでない場合には、原則として、日本語の通常の用語例による意味内容が与えられるべきである（このように、用語の解釈に当たって、日本語の通常の用語例に従うべきことは、法令一般に妥当することであるが、国民に義務を賦課する租税法の分野においては、国民に不測の不利益を与えぬよう、特に厳格な解釈態度が求められるというべきである。）。」

納税者の予測可能性の担保の要請は、納税者に不測の不利益を与えないという意味で財産権保障の要請をも意味する。条文に記載されている文言から離れた解釈を行うことは納税者に不意打ちをくらわせることにもなり得る。そのため、納税者の予測可能性を阻害しないよう厳格な解釈が要請されるのである。

（3）　行政裁量の余地を否定し、恣意的な課税を防止するため

租税法律主義は、租税の分野における法治主義（法の支配）の現れである（金子・租税法 78 頁）。そして、憲法 84 条は、「国民に対して義務を課し又は権利

を制限するには法律の根拠を要するという法原則を租税について厳格化した形で明文化したもの」（いわゆる旭川市国民健康保険条例事件最高裁平成18年3月1日大法廷判決・民集60巻2号587頁）というべきである。

したがって、租税法律主義の帰結として、法規の文言を離れ、無視し、または文言を置換したり、付加することは許されない。租税行政庁には自由な裁量権が認められているわけではないから、租税収入の獲得のため恣意的に法規を拡張して解釈することが許されないのは当然である。このようにして、租税法は厳格に解釈されなければならないという要請が働くのである。

なお、わが国の租税法の通説は、租税法律関係を、「租税債務関係説」に基づいて性格付けている。租税債務関係説とは、「課税要件の充足によって法律上当然に租税債務が成立する」という考え方であるが、租税債務の成立に租税行政庁の判断が一切関与しない仕組みを採用しているといえるであろう。

租税法は国会において民主的手続のもとでのみルールが確定されるのであって、租税行政庁には国会で決められた法律の授権のない自由な裁量は認められるべきではない。この考え方に従えば、行政庁による恣意的な課税や自由裁量は排除されなければならない。これを排除するため、租税法は厳格に解釈されなければならないという要請が働くのである。この考え方は、租税法律主義の民主主義的側面から導出されるものであることがわかる。

租税法の解釈において厳格性が要請される理由として、租税の公平負担の側面を挙げることもできる。

憲法14条の平等原則のもと、各種の租税法律関係において国民は平等に取り扱われなければならないという考え方が導出されるが、公平性を保つためには租税法の解釈は統一されていなければならず、ここに解釈の厳格性が求められる。

たとえば、この点について、いわゆるスコッチライト事件大阪高裁昭和44年9月30日判決（判時606号19頁）は次のように判示し、厳格なる法規の執行をもって、全国均一の課税が実現するとの立場を明らかにしている。

> 「憲法 84 条は租税法律主義を規定し、租税法律主義の当然の帰結である課・徴税平等の原則は、憲法 14 条の課・徴税の面における発現であると言うことができる。……収税官庁は厳格に法規を執行する義務を負っていて、法律に別段の規定がある場合を除いて、法律の規定する課・徴税の要件が存在する場合には必ず法律の規定する課・徴税をすべき義務がある反面、法律の規定する課・徴税要件が存在しない場合には、その課・徴税処分をしてはならないのである……。」

また、横浜地裁昭和 62 年 12 月 23 日判決（訟月 34 巻 8 号 1741 頁）は、「特例措置は、本来課せられるべき税負担を、特別の配慮から軽減するものであるから、その解釈、適用は、税負担公平の原則から厳格になされるべきものであって、安易にこれを拡張して解釈することは許されない」としている。

（4） 自己に都合のよい解釈を許容せず、公平な課税を実現するため

ところで、租税法は、自己の意思を委ねた代表者による国会（議会）において定立されるものであるから、課税権は抽象的に国家にあると考えるのではなく、国会（議会）にあるというべきである。民主主義的理解に基づくこの文脈からは、租税負担は、議会構成員である国民が自己にあるいはお互いに賦課（self-assessment）するものであるといい得ることになる。そうであるとすれば、国民主権の民主政治のもと、納税義務は「お互いに強制しあう」ものであるともいえるから、公平な義務の負担が極めて重要になる。このように考えると、租税法律主義の民主主義的側面からは、公平な租税負担が要請されるところ、そのためには、租税行政庁が恣意的な課税をすることが許されないのはさることながら、民主政治の参加者である一人ひとりの国民においても、自己に都合のよいように本来あるべき解釈を歪めることは許されず、条文に記載された文言から離れた解釈を自由に行い得るものでもないというべきである。

3………非課税規定・減免規定に関する解釈姿勢

（1）　素朴な疑問

　前述のように、財産権の保障が大原則であるところ、その例外として機能するのが租税の賦課徴収に係る租税法であり、だからこそ、厳格な租税法の解釈が要請されるとの考え方を前提とすれば、そもそも財産権が侵害されない非課税規定や課税減免規定に関する租税法の解釈においては厳格な解釈の必要がないのではないかとの疑問が湧く。しかしながら、通説・判例はそうとは考えていないのである。

　こうした点を理解するため、たとえば、租税の賦課徴収を原則的規定とし、これに対する例外的規定として非課税規定・減免規定を捉える方法があるだろう。

　要するに、課税が原則であるならば、課税をしないという例外の場合にはさらに厳格でなくてはならないという理解である。

　たとえば、この点について、前述の金属マンガン事件仙台高裁判決は次のように判示して、「例外」規定を厳格に解釈することを前提としつつ、「例外の例外」規定は一層厳格に解釈すべきとする。

> 　「租税法規における非課税要件規定は、課税要件規定を原則的規定とすると、これに対する例外的規定としての地位にあるものと理解され、実質的にも非課税要件規定は、それが課税要件規定とは異なる何らかの財政、経済政策的配慮から定立されるものであるが故に、課税要件規定が実現維持しようとする租税負担の公平等の理念に対して何らかの意味におけるいわゆる阻害的な影響を及ぼすものであることからして、租税法規の解釈適用における前記の狭義性、厳格性の要請は、非課税要件規定の解釈適用において一層強調されてしかるべきだからである。」

　すなわち、こうした解釈姿勢は図表２のように整理できる。例外的規定は、それが例外である点からすれば、拡張することはできない。そのような意味で「例外の例外」規定はなおさら厳格に解釈されなければならないという。

（２）　例外の例外

　上記のような「例外の例外」だから「より厳格に」という理論構成はたしかにわからなくもなく、一見妥当であるようにも思える。しかし、このような整理の仕方はやや形式論的な理解にすぎるきらいがなかろうか。

　図表２のように、まず原則としての財産権の保障があり、その例外たる租税の賦課徴収が続き、そしてさらにその例外に非課税規定・減免規定がある

■図表３

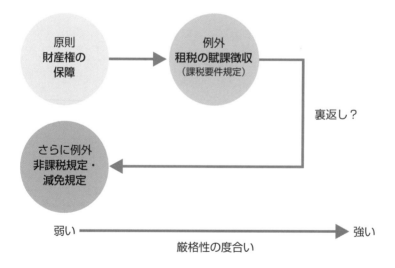

とするならば、「例外の例外」は、裏返しとして財産権の保障と同レベルの厳格性に戻るというような反論も考えられないわけではない（前頁の図表3参照）。

このように考えると、形式論的側面からの説明だけでは限界があるように思われる。むしろ、ここでは、より実質論的側面からの理解をすべきであろう。

実質論的側面からの理解とは、すなわち、対象となる租税法の規定の趣旨や目的からの検討である。そこには、差し当たり二つのアプローチが考えられる。

一つは、非課税規定・減免規定が政策的目的から用意されているところ、こうした政策上の配慮により本来のあるべき課税が歪められているのであれば、その歪みはできるだけ小さくすべきとする考えによるアプローチである（アプローチ①）。そして、もう一つのアプローチは、解釈は政策の趣旨・目的の範囲内に限定されるべきとする考えによるアプローチである（アプローチ②）。

アプローチ①：政策による課税の歪みは小さくすべきである。
アプローチ②：政策の趣旨・目的の範囲で解釈すべきである。

これらのアプローチは、いずれも、いわゆる目的論的解釈の考え方に接近するものといえる。すなわち、アプローチ①は、非課税規定・減免規定が税制を歪めていることを解釈のなかに織り込む考え方であり、アプローチ②は、これらの規定の解釈に当たっては立法趣旨に合致させるべきとの配慮が働いている考え方であるといえよう。一般的には、後者の考え方が目的論的解釈といわれるものである。すなわち、後者は、「なぜ政策上、非課税規定・減免規定が用意されているのか」という趣旨論からのアプローチである。

4………政策的規定における厳格な解釈姿勢

（1）　租税特別措置規定における歪み（アプローチ①）

アプローチ①は、特に租税特別措置規定の解釈論において多くみられる手法である。そこで、アプローチ①を考えるに当たって、租税特別措置規定を中心に検討することとしたい。

そもそも、租税特別措置規定をいかに考えるべきであろうか。ここでは、差し当たり二つの考え方があるであろう。すなわち、第一に、法人税法や相続税法のような本法が原則であり、租税特別措置「法」は例外的規定であるから、厳格に解釈されなければならないとする考え方である（図表4）。

■ 図表4

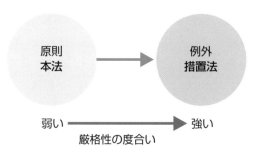

　この点、たとえば、大阪地裁昭和54年4月17日判決（判タ395号122頁）は次のように述べ、最高裁昭和48年11月16日第二小法廷判決（民集27巻10号1333頁）を参照している。

> 　「特措法〔筆者注：租税特別措置法〕のような租税負担の例外を定めた法律を解釈適用する際には、厳格に解釈し、みだりに拡張解釈をするべきではない（最判昭和48年11月16日民集27巻10号1333頁参照）。」

　これは、平たくいえば、「措置法とは本来のあるべき課税とは異なる例外規定なのだから、厳格に解釈すべき」という理解といえよう。

　また、一方で、本法と租税特別措置法という捉え方ではなく、一般的規定か租税特別措置規定かという捉え方もあり得るだろう。

　これは、たとえば、法人税法や相続税法といった本法のなかにも租税特別措置規定があることをふまえ、「本法か否か」ではなく、「一般的規定か租税特別措置規定か」という分類で厳格解釈を説明するものである。ここでは、一般的規定を原則と考え、租税特別措置規定は例外であるから厳格に解釈し

なければならないという構成となる。

　租税に関する特別措置は、なにも租税特別措置法のみに規定されているわけではなく、本法内にも存在することに鑑みれば、このような理解も整合的であるといえよう。

　なお、昭和35年12月付け政府税制調査会「当面実施すべき税制改正に関する答申（税制調査会第一次答申）及びその審議の内容と経過の説明」によれば、租税特別措置とは、「同じ経済的地位にある者に対しては同じ負担という、いわゆる負担公平の原則を大なり小なり犠牲にしながら、経済政策的目的を特定の経済部門ないしは国民層に対する租税の軽減免除という誘因手段で達成しようとする目的をもつ規定、ないしは措置をさすもの」であると説明されている。

　つまり、租税特別措置規定とは、政策的目的達成のための誘因手段であり、租税負担の公平を犠牲にして成り立っているといい得るのではないだろうか。

　こうしたなか、なるべく租税負担の公平を保っていくためには、租税特別措置規定の適用の拡張は排除すべき、すなわち、より厳格に解釈すべきという考え方が導出されることになる（図表5）。

■ 図表 5

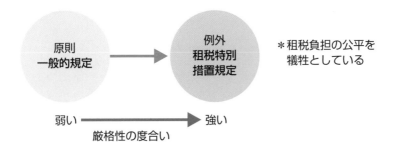

このように見てみると、厳格解釈をすべき根拠は、「財産権の保障の例外であるから」という自由主義的見地からではなく、むしろ、租税負担の公平という「平等原則の例外であるから」という民主主義的見地から考えるべきと

いうことになるように思われる。

　つまり、形式論的側面のみならず、実質論的側面から眺めた場合、租税特別措置規定は、国民は公平に租税負担をすべきとする民主主義に対するある種の脅威をはらんでいるため、その拡張的適用を排除する必要があり、そこに厳格解釈の要請を読み取ることができるのである。

　もっとも、租税特別措置規定も租税法の規定するところであるから、租税法律主義の範囲内であり、民主主義的統制に反しているわけではない。

　とはいえ、租税特別措置規定が租税法にとっていわゆるディストーション（歪み）を生じさせているのなら、こうした規定の適用は極小化されなければならず、まして、解釈によってその射程を拡張することは許されるべきではないと理解すべきであろう。

　こうした理解は種々の判決にも見受けられるが、たとえば和歌山地裁昭和62年3月31日判決（判時1247号85頁）は次のように論じている。

　「原告は、……措置法35条1項を拡張解釈して譲渡所得金額の特別控除を認めるべきである旨主張するが、措置法35条1項は、居住用財産の譲渡の場合にはその担税力が弱いことを考慮し、住宅政策の一環として3000万円の特別控除を認めることによって、新たな居住用資産を購入できるように保障する趣旨で立法された特則・例外規定であるところ、同条項は、租税負担公平の原則から、その不公平が拡大しないように特例の適用を政令で定めるものの譲渡に限定し、施行令23条1項はこれを受けて前記制限を付することで右特例条項の施行による不公平の拡大を防止しているのであって、この措置法35条1項、施行令23条1項の立法の趣旨、目的に照らし、……同条項の解釈適用は厳格にされなければならず安易な拡張解釈は許されないというべきであるから、原告の前記主張はとうてい採用することができない。」

　次に、アプローチ②として挙げた「政策の趣旨・目的の範囲で解釈すべき」との解釈論を検討してみたい。

（2）　政策の趣旨・目的による拘束（アプローチ②）

東京地裁昭和 54 年 9 月 19 日判決（判タ 414 号 138 頁）は次のように論じる。

> 「租税特別措置法に係る特例規定については、その制定当時における各種政策上の公益的な要請から設けられた軽減措置であるから、その解釈、適用については特に厳格になすべきであり、たとえ、右特例の適用を受け得る実質的要件が備わっていた場合であっても、当然に適用されるわけのものではなく、納税者において、同法条の定める厳格な手続的要件を履践して初めてその適用が受け得られるものと解するのが相当である。」

これは、コンテクスト重視のアプローチ①による解釈論よりも、むしろ、租税特別措置規定の性質が政策的なものであるから、そのような政策的規定については、政策の趣旨・目的に合わせたところでこれを厳格に解釈しなければならないという点でコンテンツ重視にシフトした解釈姿勢、すなわちアプローチ②を採用したものと考えられる。

このように政策の趣旨・目的によって限定的に解釈されるべきであるという解釈姿勢は肯定されるべきであると考える。政策的目的を有する非課税規定・減免規定はみだりに拡張解釈をすべきではなく、その趣旨・目的に応じて限定的に解釈をすべきではあるが、これに加えてさらに新たに課税要件を付加するかのごとき解釈が許容されるものではないことはいうまでもない。

いわゆる三井住友銀行事件大阪地裁平成 13 年 5 月 18 日判決（訟月 48 巻 5 号 1257 頁）の事案において被告課税庁側は、法人税法 69 条《外国税額の控除》1 項の「納付することとなる場合」を限定的に解釈し、原告納税者側の外国源泉税の納付がこれに当たらないと主張した。これに対して、大阪地裁は、「その〔筆者注：法人税法 69 条 1 項〕根底には、あくまでも内国法人の海外における事業活動を阻害しないという政策があるのであるから、およそ正当な事業目的がなく、税額控除の利用のみを目的とするような取引により外国法人税を納付することとなるような場合には、納付自体が真正なものであったとしても、法 69 条が適用されないとの解釈が許容される余地がある。」とした

のである（この点については **10.** 参照）。

　もっとも、このような限定的な解釈手法あるいは縮小解釈は、ここにいう文理解釈としての厳格な解釈というよりも、その条項の適用において一層の厳しさをみせているように思われる。むしろ、この三井住友銀行事件大阪地裁判決のような限定的解釈は、文理解釈とは異なり、目的論的解釈の領域に踏み込んでいるといえよう（なお、これら文理解釈と目的論的解釈については第2部において解説を加えることとしよう）。

　このように、厳格な解釈姿勢は文理解釈として現れるものであるが、厳格な解釈を現象面で捉えると、目的論的解釈のうちの縮小解釈にも接続し得る。これらの解釈手法は別物ではなく、一連の解釈手法の連続性の中で捉えることができるものである。

第 2 部

解釈論

3. 解釈論一般

　租税法に特有の解釈論に入る前に、まずは、法解釈一般のルールを概観しておくこととしよう。

1………法令解釈・適用上の一般的原則

（1） 所管事項の原則

　所管事項の原則とは、法令の種類ごとに所管事項を定め、所管事項以外のことはその法形式では規定できないこととし、法令間に矛盾抵触が生じないようにするという考え方である。仮に所管事項を外れた規定をすれば、それは無効になる。しかし、法律以下の各種の法令の種類ごとにそれぞれの専属的な所管事項を設けることは事実上不可能であって、実際問題としても、二つ以上の種類の法令の所管事項が競合する例は極めて多いといわれている。

　これは、所得税法には、法人税法のことは規定されていないというような考え方である。たとえば、不動産の所有者である個人が自分が代表を務める不動産管理会社に対して当該不動産を低廉な賃料で貸し付けていた事案において、代表者個人が所得税法157条《同族会社等の行為又は計算の否認等》１項の規定の適用を受け、賃貸料収入が増額認定により更正された場合、個人所得税が増額することになる。この場合、支払の事実までをも所得税法は変えることができないため、すなわち所管事項の原則があることから（私的な契約関係についてまで所得税法は規定をすることができず、私法上の法律関係は民法の所管事項であるから）、あくまでも支払金額は当事者間での取決めのとおりであり、単に、所得税法のもとでの所得金額の計算についてのみ同法上みなしているだけであることに留意する必要がある。

　さて、その場合、他方で、不動産管理会社たる法人からみれば、支払賃貸料が増額することとなり、法人税の金額の計算上当然に減額更正されるべき

と考えることもできようが、所管事項の原則があるため、所得税法 157 条の規定の適用によって法人税の額を減少させることはできないということになろう。この点を解消するため、平成 18 年に法人税法 132 条《同族会社等の行為又は計算の否認》に新たに 3 項が創設され、所得税法 157 条 1 項の規定の適用がある場合には、法人税法 132 条 1 項の規定を準用することによって、税務署長が法人税についての減額更正を行うことができることとなった。賃料支払の事実はあくまでも低廉な金額のままであるから、かかる規定が創設される前においては、所管事項の原則によって、税務署長に事実に反する法人所得金額の計算を許容する実定法上の根拠がなかったのである。

　なお、「関係行政機関が所管する法令に係る行政手続等における情報通信の技術の利用に関する法律施行規則」(内閣府・総務省・法務省・外務省・財務省・文部科学省・厚生労働省・農林水産省・経済産業省・国土交通省・環境省令第 1 号) とか、「財務省が関係行政機関に属する行政機関として所管する法令に基づく手続等及び財務省が他の行政機関と共同で所管する公益法人の設立又は監督に関する手続等のうち、関係行政機関が所管する法令に係る行政手続等における情報通信の技術の利用に関する法律施行規則を適用する範囲を定める件の一部を改正する件」といった告示が示す「所管する法令」というものは、各省庁が所掌する法令のことを指す用語であるから、ここにいう「所管事項の原則」とは別である。

（2）　形式的効力の原則

　形式的効力の原則とは、上位法が下位法に優先するという意味である。すなわち、憲法が法律の上に立ち、法律は政令の上に立ち、政令は省令・規則の上に立つという上下の関係が法令にはあるが、仮に二つ以上の種類の法令の内容が矛盾するときには、上位の法令が下位の法令に優先する。

　したがって、憲法違反の法律は無効であり、法律違反の政省令は無効となる。

　なお、憲法と条約との間の優先関係については議論があるが、条約優位説が有力である。ここに条約優位説とは、条約を上位規範とみて、憲法を下位

規範とみる考え方であり、憲法優位説に対立する考え方である。また、法律と条約との関係では条約が優先すると解すべきであろう。

福岡地裁平成 20 年 1 月 29 日判決（判時 2003 号 43 頁）は、納税者に不利益な租税法規の遡及適用に合理性があるかどうかが争点とされた事例であるが、平成 16 年の所得税法改正において土地の譲渡損失に対する損益通算の制限を設けたことは、憲法 84 条の租税法律主義（租税法規不遡及の原則）に違反し、違憲無効と判断している。すなわち、同地裁は、以下のように判示している（もっとも、結論として、この判断は、控訴審福岡高裁平成 20 年 10 月 21 日判決（判時 2035 号 20 頁）において覆されている）。

「本件改正で遡及適用を行う必要性・合理性（とりわけ、損益通算目的の駆け込み的不動産売却を防止する必要性など）は一定程度認められはするものの、損益通算を廃止するかどうかという問題は、その性質上、その暦年途中に生じ、あるいは決定せざるを得ない事由に係っているものではないこと、本件改正は生活の基本である住宅の取得に関わるものであり、これにより不利益を被る国民の経済的損失は多額に上る場合も少なくないこと、平成 15 年 12 月 31 日時点において、国民に対し本件改正が周知されているといえる状況ではなかったことなどを総合すると、本件改正の遡及適用が、国民に対してその経済生活の法的安定性又は予見可能性を害しないものであるということはできない。損益通算目的の駆け込み的不動産売却を防止する必要性も、駆け込み期間を可及的に短くする限度で許容されるのであって、それを超えて国民に予見可能性を与えないような形で行うことまでも許容するものではないというべきである。

そうすると、本件改正は、上記特例措置の適用もなく、損益通算の適用を受けられなくなった原告に適用される限りにおいて、租税法規不遡及の原則（憲法 84 条）に違反し、違憲無効というべきである。」

また、法律で委任している範囲を越えたとして租税特別措置法施行令および同法施行規則の規定が無効とされた事例として東京高裁平成 7 年 11 月 28 日判決（行集 46 巻 10 ＝ 11 号 1046 頁）がある。同判決は、以下のように判示している。

「憲法の趣旨からすると、法律が租税に関し政令以下の法令に委任することが許されるのは、徴収手続の細目を委任するとか、あるいは、個別的・具体的な場合を限定して委任するなど、租税法律主義の本質を損なわないものに限られるものといわねばならない。すなわち、もし仮に手続的な課税要件を定めるのであれば、手続的な事項を課税要件とすること自体は法律で規定し、その上で課税要件となる手続の細目を政令以下に委任すれば足りるのである。」

　「租税法律主義のもとで租税法規を解釈する場合には、ある事項を課税要件として追加するのかどうかについて法律に明文の規定がない場合、通常はその事項は課税要件ではないと解釈すべきものである。それにもかかわらず、『政令の定めるところによる』との抽象的な委任文言があることを根拠として、解釈によりある事項を課税要件として追加し、政令以下の法令においてその細目を規定することは、租税関係法規の解釈としては、許されるべきものではない。」

さらに、同判決は、以下のように判示している。

　「憲法の租税法律主義がこのようなものである以上、本件の委任文言は、その抽象的で限定のない文言にかかわらず、これを限定的に解釈すべきものであり、追加的な課税要件として手続的な事項を定めることの委任や、解釈により課税要件を追加しその細目を決定することの委任を含むものと解することはできない。」

　「したがって、租税特別措置法施行令 42 条の 9 第 3 項及び同法施行規則 29 条 1 項が、軽減税率による登記申請には特定の証明書の添付を要するものとした部分は、証明書の添付という手続的な事項を軽減税率による登記申請の受理要件という手続的な効果を有するにとどめるものとして有効であるが、右の手続的な事項を課税要件とし登記申請時に証明書の添付がなければ、後に証明書を提出しても軽減税率の適用がないとする部分は、法律の有効な委任がないのに税率軽減の要件を加重したものとして無効である。」

（3） 特別法優先の原則

　特別法優先の原則とは、特別法が一般法に優先して適用されるという考え方である。所管事項の原則および形式的効力の原則によっても、二つ以上の法令間の矛盾抵触を解決することができない場合にこの原則が機能することになる。なお、一般法と特別法の関係にある法令の間においては、次に述べる後法優先の原則は発動されない。

　一般的に、各個別税法と国税通則法との関係においては、各個別税法が特別法、国税通則法が一般法の関係になり、各個別税法と租税特別措置法との関係においては、各個別税法が一般法、租税特別措置法が特別法の関係になる。

　原告納税者が、タックス・ヘイブン国に設立した特定外国子会社に生じた欠損を納税者の損金として算入し申告したところ、被告税務署長が損金の過大計上であるとして法人税の更正処分等をしたため、その取消しを求めた事例として、いわゆる双輝汽船事件松山地裁平成 16 年 2 月 10 日判決（民集 61巻 6 号 2515 頁）がある。

　　「子会社に係る所得課税特例制度の立法趣旨等に照らすと、措置法 66条の 6 は、特定外国子会社等の所得の金額に所定の調整を加えた上でなお所得が生じていると認められる場合に、これを一定限度で内国法人の所得の計算上、益金の額に算入する取扱いを規定したものにすぎず、特定外国子会社等に欠損が生じた場合にそれを内国法人との関係でどのように取り扱うべきかということまでも規定したものではないというべきである。」

　上記判決は、このようにタックス・ヘイブン国の特定外国子会社に生じた欠損金を日本親会社の所得から控除することを租税特別措置法 66 条の 6 第2 項 2 号を根拠として否認することはできないとしたのである。

　この判断を、特別法優先の原則になぞらえて解釈することができるとすれば、租税特別措置法では特定外国子会社等の欠損金についての取扱いは規定されていないため、特別法を適用することができない。そこで、一般法に戻っ

て、法人税法 11 条の実質所得者課税の原則の適用を受けて、かかる特定外国子会社等の欠損金は日本親会社の所得から控除することができるということになるのであろう。

　これを受けて税務署長は控訴審において、以下のように論じ、特別法優先の原則に従った主張を展開している。

> 「〔租税特別〕措置法第 7 節の 4……に規定される……タックスヘイブン対策税制……は、実質所得者課税の原則を定める法人税法 11 条の適用による租税回避行為に対する対処では、その基準が明確でないために、その課税執行面の安定性に問題があったので、課税執行面の安定を確保しながら、外国法人を利用することによる租税回避行為を防止して税負担の実質的公平をはかるために導入されたものであって、一般法である法人税法 11 条との関係では特別法の関係に立つ。したがって、〔租税特別〕措置法 66 条の 6 所定の『特定外国子会社等』に該当する限り、その課税関係については、法人税法 11 条の規定の適用は排除され、課税対象留保金額の有無を問わず、〔租税特別〕措置法 66 条の 6 の規定のみが一律に適用される。したがって、特定外国子会社等に生じた欠損は、〔租税特別〕措置法 66 条の 6 第 2 項 2 号による調整が行われる限りで考慮されるに過ぎず、〔租税特別〕措置法 66 条の 6 は、特定外国子会社等に生じた欠損について内国法人の所得との合算を認めないことを定めた規定であると解すべきである。」

　これに対し、控訴審高松高裁平成 16 年 12 月 7 日判決（民集 61 巻 6 号 2531頁）は、以下のように判示して、税務署長の主張を排斥している。

> 「タックスヘイブン対策税制の立法趣旨に鑑みれば、措置法 66 条の 6 は、特定外国子会社等に欠損が生じた場合には、それを当該年度の内国法人の損金には算入することはできず、当該特定外国子会社等の未処分所得算出において控除すべきものとして繰り越すことを強制しているものと解すべきである。したがって、内国法人の子会社が特定外国子会社等にあたる場合には、同条 3 項の適用除外に該当しない以上は、当該特定外国子会社等

> に適用対象留保金額があるかないかにかかわらず、実質所得者課税の原則
> （法人税法 11 条）を適用する余地はない。」

　このように、特別法優先の原則が前提となる主張および判決が下されているのであるが、ここに疑問の余地はなかろうか。すなわち、実質所得者課税の原則とは、およそ法人税の税額確定ルールたる法人税法や租税特別措置法を適用するに当たって当然に考慮されるべき法律的帰属説を宣明した条文であると思われるのである。したがって、本質的には、明文の規定がないとしても考慮されるべき事項が確認的に明文化されているにすぎず、法人税法の適用においても租税特別措置法の適用においても妥当する条理であるといえよう。

　このように、実質所得者課税の原則が法人税法 11 条に規定されているから、それを一般法と呼び、租税特別措置法との関係では適用が優先されないなどと解するべきではなく、むしろ租税特別措置法の適用においても当然に妥当する規定であり、租税特別措置法にも同様の規定があってもよいはずのものと考えるべきであって、ここにいう特別法優先の原則の埒外にある条理であるとみるべきと思われる。

　実質所得者課税の原則は事実認定上のルールであるから、事実認定があり、認定された事実に法が適用されるという手順を想起すれば、法人税法 11 条が租税特別措置法の適用に遅れるというような議論にはならないのではなかろうか。

　まず、損失が子会社に帰属するものかどうかが実質所得者課税の原則の観点から考察されるべきであり、そもそも子会社に欠損金が帰属しないのであれば、タックス・ヘイブン対策税制の適用はあり得ないわけである。そして、子会社に欠損金が帰属するとなれば、租税特別措置法 66 条の 6 の適用があり、当該特定外国子会社等に適用対象留保金額があればタックス・ヘイブン対策税制が適用され、要件を充足しなければ同税制の適用はないと考えるところで終わるのではなかろうか。そして、次に子会社に欠損金が帰属しないので

あれば、そもそも租税特別措置法66条の6の問題ではないというべきであろう。

　なお、上告審最高裁平成19年9月28日第二小法廷判決（民集61巻6号2486頁）は、A社が、上告人とは別法人として独自の活動を行っていたという点に鑑みて、「本件においては上告人に損益が帰属すると認めるべき事情がないことは明らかであって、本件各事業年度においては、A社に損益が帰属し、同社に欠損が生じたものというべきであり、上告人の所得の金額を算定するに当たり、A社の欠損の金額を損金の額に算入することはできない。」と判示している。

（4）　後法優位の原則

　「後法は前法に勝る」とか、「後法は前法を破る」という法諺があるが、後法優位の原則は、その効力が同等である二つ以上の法令の矛盾抵触を所管事項の原則によっても、形式的効力の原則によっても、特別法優先の原則によっても解決できない場合に時間的に後から制定されたものが前に制定されたものよりも優越するということを表す考え方である。

　配当異議事件最高裁昭和35年12月21日大法廷判決（民集14巻14号3140頁）の事例の控訴審において、控訴人は、控訴人の債権が民法306条《一般の先取特権》にいういわゆる共益費用に該当するとし、この共益費用は第一順位において他の債権に優先すべきことを主張したところ、東京高裁昭和30年8月9日判決（民集14巻14号3152頁）は、控訴人の主張については、同費用が旧国税徴収法2条6項にいわゆる強制執行費用に該当するものでないことは明白でありかつ被控訴人の交付要求に係る債権が控訴人主張の債権に優先することは同法2条に明定するところである旨判示して控訴人の請求を排斥した。

　これに対して、控訴人は上告し、「国税徴収法は明治30年7月1日から施行せられ民法は明治31年7月16日の施行であるから後法は前法に優るの法諺によっても後法即ち民法の規定により優劣を定むべきであったに拘わらずこの点を顧慮しなかった原判決は法律の解釈を誤ったものである。」と主張

したが、この主張は排斥されている。

　民法と国税徴収法との関係が、一般法と特別法との関係にあることからすれば、これは、特別法優先の原則によって適用関係が整理されるべきところを、後法優位の原則を適用して主張した事例であるということもできそうである。

2………租税法の解釈

　法の「解釈」とは、法の意味内容を明らかにすることである。したがって、租税法を解釈するということは、租税法の個々の条文の意味内容を明らかにすることであるが、しかし、そもそもその租税法のもつ意義を明らかにするということだけを意味するものではない。すなわち法の解釈は、法の内容を発見するという認識というよりも、法の適用という評価的実践の予備作業であるから（高橋和之＝伊藤眞＝小早川光郎＝能見善久＝山口厚編集代表『法律学小辞典〔第5版〕』1207頁（有斐閣・2016））、具体的に課税要件が何かを確定することが必要となる。

　具体的な事実に法を当てはめることによって、明らかにされた課税要件が充足されれば、一定の法律効果が生じることになるが、法を当てはめて一定の法律効果を生じさせることを「適用」という。

　納税義務者には納税義務の適正な履行が義務付けられているが（憲30）、これを課税要件という点からみれば、納税義務者は、租税法に規定されている課税要件どおりに申告をし、納税をする義務を負っているということになる。他方、課税要件どおりに申告をしたのに、何らかの課税処分を受けるようなことがあれば、裁判所はこれを違法な公権力の行使であるとして、処分の取消しを判断することになるのである。

🌷　「課税要件」とは、それが充足されると納税義務の成立という法律効果が生ずることになるための要件である。法学一般にいう「法律要件」と類語である。具体的には、課税要件は、納税義務者、課税物件、課税物件の帰属、課税標準、税率からなる。
🌷　「納税要件」という用語もある。課税要件が推計課税や同族会社等の行為計算の否認

のように、租税行政庁にのみ独自に認められる権限を含むのに対して、そのようなものを除いたものを納税要件ということがある（松澤智『租税実体法の解釈と適用』14頁（中央経済社・1993））。

🌷　「法律効果」とは、法律要件の充足から生じる権利義務関係のことをいう（高橋ほか・前掲書1213頁）。

🌷　「法律要件」とは、権利義務関係の発生原因となるものとして定められた一定の社会関係のことをいう（高橋ほか・前掲書1213頁）。

🌷　「課税物件」とは、課税の対象とされる物・行為または事実のことをいい、課税の対象（地価税法5、消法4）、課税客体（地方税法3①）と呼ぶこともある。所得税や法人税では所得、事業税では事業収益、相続税・贈与税、地価税、固定資産税では財産、消費税では資産の譲渡等、酒税では消費物件、ゴルフ場利用税ではゴルフ場の利用、不動産取得税では不動産の取得、登録免許税では登記・登録等、印紙税では課税物件の作成などが課税物件である。

🌷　「帰属」とは、課税物件と納税義務者との結び付きのことをいう。例えば、所得課税では、その所得が誰に帰属したのかが判明しなければ納税義務者が確定しない。したがって、（課税物件の）帰属の問題は非常に重要である。課税物件の帰属において特に問題となるのは、名義と実体、形式と実質が一致しない場合であるが、この点について、所得税法・法人税法・地方税法には「実質所得者課税の原則」という規定により、実質が形式を凌駕するというルールを定めている（所法12、法法11、地方税法24の2の2、72の2の3、294の2の2）。

🌷　「課税標準」とは、例えば、課税物件を金額や数量等で表したものをいう。所得税や法人税のように所得を課税物件とする租税の場合には、所得の金額をいう。

4. オーソドックスな解釈論
—内縁の妻は所得税法上の配偶者か

1………問題の所在—所得税法83条の「配偶者」

（1）　法の解釈手法

　解釈手法には大きく分けて次の二つがある。文理解釈と論理解釈である。論理解釈のうち法令の趣旨や目的に重きをおく解釈が実務的には極めて重要となるが、これを目的論的解釈という。本書では、この文理解釈と目的論的解釈を中心に解説する（図表1参照）。ある法令の意味をその法令中の他の法文中で解釈を示す「法規的解釈」（法令自体が権威的に解釈を下す「立法解釈」）はここでは度外視している。

■図表1

文理解釈	法令の規定をその規定の文字や文章の意味するところに即して解釈する手法
目的論的解釈	法令の規定をその規定の趣旨・目的に応じて解釈する手法

　目的論的解釈とは、法令の規定の趣旨・目的に応じて解釈を行う手法をいい、次のような解釈の「仕方」を織り交ぜて行うことがある（酒井・フォローアップ2頁以下）。

> ①　拡張解釈…普通意味するところよりも広げて解釈することをいう。
> ②　縮小解釈…普通意味するところよりも狭く解釈することをいう。
> ③　変更解釈…法令の規定の文字等を変更して、本来それが意味するところと別の意味に解釈することをいう。
> ④　反対解釈…ある法令の規定をもとに、別の規定にあることが書いていな

い場合には逆の効果が生じるような趣旨の規定として解釈することをいう。

⑤　類推解釈…似通った事柄のうち、一方についてだけ明文の規定があって、他方については規定がない場合に、その規定と同じ趣旨の規定が他方にもあるものと考えて解釈することをいう。

⑥　もちろん解釈…ある法令の規定の立法目的・趣旨等からみて、明文の規定はないものの条理上当然のこととして解釈することをいう。

なお、文理解釈においても、文章どおりの解釈に限らず、縮小解釈、拡張解釈といった解釈の「仕方」が展開されるとする見解もある（笹倉秀夫『法解釈講義』3頁（東京大学出版会・2009））。縮小解釈や拡張解釈といっても、実際は条文の記載振りを出発点としているのであるから、それを文理解釈と位置付けることも考えられるが、本書では実務的視点を重視したうえで、上記のように整理することとする。

この点、たとえば、大阪地裁昭和37年2月16日判決（民集26巻10号2030頁）は、租税法の解釈について、租税法が憲法の保障する財産権を課税の領域で保障することを目的とするものであるとしたうえで、租税法律主義の当然の帰結として、「認識の対象たる法規の文言を離れ、無視し、または文言を置換し、附加することは許されないのであって、課税の目的のため恣意的にその負担の限度を拡大して解釈し、または納税義務者の利益のために縮小して解釈することは許されない。」としたうえで、次のように租税法のあるべき解釈姿勢を判示しているところである。

「税法の文言に反する解釈を例外的にも否定する結果、非合理的な結果を招来することがあっても、それは租税法の立法自体が非合理的であることに由来するものであって、これを租税行政または租税裁判の法解釈及び適用に転嫁するべきでないことはいうまでもない。しかしながら、法の解釈は、法規範的意味を認識するものであるから、法律文言の文法的解釈に終始すべきものではなく、論理的解釈、目的論的解釈などあらゆる解釈方法を集約すべきことも当然である。」

さて、上述の解釈技法については、実際の条文の用語（概念）を取り上げて解説するのが最も理解しやすいと思われるため、第2部では、具体的事例を素材に実際に条文の用語（概念）の解釈を検討するなかで、解説を加えることとしたい。そこで、まず初めに、事実上、夫婦として共同生活をしているものの婚姻届を提出していないいわゆる「内縁の妻」に関する事案を取り上げ、所得税法上、この内縁の妻が配偶者控除の対象となる控除対象配偶者として認められるか否かという問題について考えてみたい。

（2）　所得税法上の「配偶者」概念

　所得税法には「配偶者」という概念についての定義規定はなく、また所得税法上の文脈からも「配偶者」概念を理解するための材料が乏しいため、条文からその意義や範囲を画することが困難である。このような場合どのように考えるべきであろうか。租税法では、概念について二つに分けて考え、他の法分野から借りて用いているものを借用概念であるとし、租税法で独自に用いているものを固有概念であるとしている（金子・租税法126頁。借用概念論について詳しくは第3部を参照）。すると、この所得税法上の「配偶者」という概念は、同法に定義規定がなく、所得税法上の固有の概念であるとも考えづらいことから、民法から借りてきた概念、すなわち「借用概念」ということになる。

　借用概念であるとすれば、「配偶者」概念について民法において理解されている意味内容を探り、その理解と整合するように、所得税法上の概念についても理解すべきということになる（これは借用概念についての現在の通説といわれる「統一説」と呼ばれる考え方である）。

　しかしながら、民法にも「配偶者」という用語の定義が用意されているわけではない。この点は、「住所」という概念の定義が民法22条《住所》に用意されている武富士事件（第3部 **12.** 参照）のようなケースとは異なるところである。

　もっとも、他の法領域における概念がそのまま用いられていなくとも、租税法上の文言の解釈上、その概念と同一のものを意味すると解される場合も、

ここにいう借用概念に含められる（清永・税法 39 頁）。

> **所得税法 83 条《配偶者控除》**
> 　居住者が控除対象配偶者を有する場合には、その居住者のその年分の総所得金額、退職所得金額又は山林所得金額から……を控除する。

> **所得税法 2 条《定義》**
> 　三十三の二　控除対象配偶者　同一生計配偶者のうち、合計所得金額が千万円以下である居住者の配偶者をいう。

民法上の概念

　民法においても「配偶者」についての定義がないとなると、所得税法上の「配偶者」という概念を理解するには民法における解釈論によることになる。すなわち、こうした場合は、民法上の学説や判例に従って考えることになる。

　ところで、民法上の学説・判例では、民法が適法とする婚姻関係にはない内縁の配偶者に対しても、準婚理論（婚姻関係に準じるとする考え方）を採用し、貞操義務（民 770 ① 一）、同居・協力・扶助義務（民 752）、婚姻費用の分担義務（民 760）、日常家事債務の連帯責任（民 761）、帰属不明財産の共有推定（民 762 ②）などを適用するべきであると解されてきている。

　この考え方が、判例（たとえば、後述する最高裁昭和 33 年 4 月 11 日第二小法廷判決など）や学説において承認され、内縁の配偶者にも適法な婚姻関係に基づく配偶者と同様にこれら民法の規定が適用され、保護の対象とされているのである。これらを考えると、民法自体が「配偶者」としてその保護領域の射程としているのは、必ずしも届出婚主義に基づく婚姻関係にあるものに限定していないということに気がつく（もっとも、民法が身分法上の法的保護領域にまで「配偶者」概念を拡張していると解せるかについては疑問が残る）。

　このように、民法では、形式的には婚姻関係が適法に成立した場合のそれを配偶者と理解した（形式基準）うえで、実質的には法律上の配偶者と類似の法的保護を内縁の配偶者にも与えている（実質基準）というダブルスタンダー

■ 図表 2

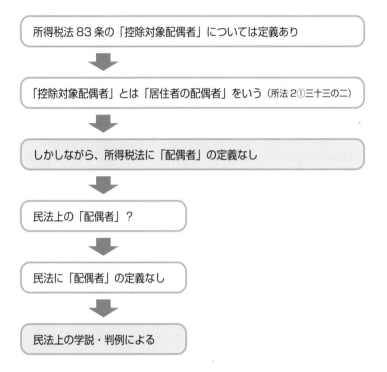

所得税法 83 条の「控除対象配偶者」については定義あり

「控除対象配偶者」とは「居住者の配偶者」をいう（所法 2 ①三十三の二）

しかしながら、所得税法に「配偶者」の定義なし

民法上の「配偶者」？

民法に「配偶者」の定義なし

民法上の学説・判例による

■ 図表 3

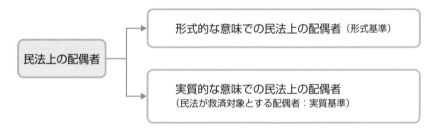

民法上の配偶者 ── 形式的な意味での民法上の配偶者（形式基準）

実質的な意味での民法上の配偶者
（民法が救済対象とする配偶者：実質基準）

ドを採用しているともいえる。

　では、所得税法上の「配偶者」はどちらの基準で解釈すべきであろうか。

　多くの法律が実質的な見地から、内縁の配偶者のような事実上の婚姻関係

者をも配偶者に取り込んでいることを考えると、準婚理論に基づく実質基準による「配偶者」概念から借用したものと考えるべきとも思われる。たとえば、健康保険法では、「被扶養者」に含まれる「配偶者」に「届出をしていないが、事実上婚姻関係と同様の事情にある者を含む」こととしており（健康保険法3⑦一）、そこには内縁の配偶者も包摂されている。

2………検討素材
一内縁の妻が所得税法上の扶養親族である配偶者に当たるかどうかが争われた事例

　このように所得税法上の「配偶者」概念について、民法からの借用概念であると考えたとしても、民法に具体的に規定されていないため、その解釈は容易ではない。そこで、内縁の配偶者が所得税法上の扶養親族である「配偶者」に当たるかどうかが争われた大阪地裁昭和36年9月19日判決（行集12巻9号1801頁)[1]の事件を素材にして、この点を考えてみたい。なお、この事件の当時は、配偶者控除という所得控除はなく、扶養控除とされていた。

3………大阪地裁昭和36年9月19日判決

（1）　担税力への配慮

　大阪地裁判決は、まず扶養控除の制度を説明したうえで、次のように担税力への配慮という同制度の趣旨からすれば、婚姻の届出の有無で判断されるべきものではないと論じる。

> 「扶養控除の制度は納税義務者の個人的事情を斟酌して、できるだけ税負担をその負担能力に合致させようという趣旨にでているものと解せられる。納税義務者が所得を同じくする場合には、扶養家族のない者とこれのある者、又は扶養家族の少ない者と多い者とでは、それぞれの担税力に差

---

1) 判例評釈として、矢野勝久・租税判例百選88頁（1968）、中川一郎・シュト7号17頁（1962）など参照。

異があるからである。従ってこの制度では、納税義務者の現実生活における扶養の実体を把握することが重要である。ところで、いわゆる内縁は男女が相協力して夫婦としての生活を営む結合である点においては、婚姻関係と異るものではなく、内縁の当事者は夫婦として互に、同居、協力、扶助の義務を有するものと解すべきである（最高昭和 33 年 4 月 11 日判決参照）。このように考えると、法律上の配偶者も内縁の配偶者も、ともに現実生活において扶養義務に基き扶養される者であるという点では差異はないから、内縁の配偶者のある納税義務者にも扶養控除を認めることに合理性はある。」

　もっとも、扶養控除の対象を婚姻届を提出した配偶者に限定したとしても、婚姻の届出をすることにより扶養控除を受けることができるのであるから、このように限定したとしても問題はなさそうにも思われる。

　しかし、本件大阪地裁は、婚姻の届出がないことのみで内縁の配偶者につき扶養控除の適用を否定すべきではないと続ける。

　「婚姻の届出は、当事者双方によりなされるべく、扶養控除を欲する納税義務者が単独でなし得るところでない。内縁の存在は古来の慣習その他種々の複雑なる事情に基くものであって民法が法律婚主義を採用している以上は免れ難いところである。されば、学説判例も立法（各種の社会立法、給与法等）も、この現実を肯定し、内縁関係にも婚姻関係と同様の保護を与えるべく、努力が続けられているのである。」

　このように、婚姻の届出がなされないことには様々な事情があるし、民法も、内縁関係を婚姻関係と同様に扱ってきているではないかというわけである。

　そして、租税法上の取扱いについても、内縁の配偶者を法律上の配偶者と同様に扱うとしても民法上の法律婚主義に反するものでもないし、平等取扱原則に反するものでもないとする。

> 　「税法上内縁の配偶者を法律上の配偶者と同一に取扱うことは、決して民法が法律婚主義を採用した趣旨に反するものではない。
> 　そこで、内縁の配偶者のある納税義務者に扶養控除を認めることが、他の納税義務者との関係で、又は徴税事務との関係でなんらかの不都合を生じないかを考えてみる。所得税額は法律の定める税率によって各納税義務者毎に計算されるのであるから、内縁の配偶者のある納税義務者に扶養控除を認めたとしても、他の納税義務者に不利益をもたらすいわれはない。」

　そのうえで、本件大阪地裁は、「内縁の配偶者のある納税義務者に扶養控除を認めることに合理性があり、一方そうすることによって、なんらかの不都合を生ずるおそれもないから、内縁の配偶者に扶養親族と同じ取扱いを認めるべしとする原告の主張は一応もっともである。」というのである。

（2）　租税行政実務への配慮

　内縁の配偶者に配偶者控除を認めることについてはもう一つ別の問題も生じ得る。すなわち、租税行政事務に重大な支障を来たしはしないかという点である。この点について、本件大阪地裁は次のように論じている。

> 　「問題は徴税事務に重大な支障を来たしはしないかの点である。もし徴税機関が内縁関係（いかなる男女間の関係を指すかは学説、判例又は健康保険法等の各条項により、容易に判明するところである。）の発生日時を確定しなければならないとすると、その認定は非常に困難である。この点が問題の大部分である。」

　実際問題として、租税行政庁が納税者とその配偶者との関係について内縁関係にあるのかそれ以外の単なる私通関係であるかを見極めることは可能であろうか。この点について考える必要がある。

　もっとも、租税法には、内縁関係であることの認定を前提とする規定がいくつも存在していることも事実である。

たとえば、所得税法157条《同族会社等の行為又は計算の否認等》の規定は、同条にいう「同族会社等」の判定基準たる事業主宰者と特殊の関係のある個人につき施行令に委任しているが、同法施行令276条は、次のように、「事実上婚姻関係と同様の事情にある者」が事業所で事業を営んでいた事実を勘案したうえで、判定を行うことと規定している。

> 所得税法施行令276条《事業の主宰者の特殊関係者の範囲》
> 　法第157条第1項第2号ロ《同族会社等の行為又は計算の否認等》及び第158条《事業所の所得の帰属の推定》に規定する主宰者と政令で定める特殊の関係のある個人は、次に掲げる者及びこれらの者であった者とする。
> 一　当該主宰者の親族
> 二　当該主宰者とまだ婚姻の届出をしないが事実上婚姻関係と同様の事情にある者

　そのほかにも、令和2年度税制改正で新たに創設された所得控除として「ひとり親控除」があるが（所法81）、所得税法2条1項31号は「ひとり親」の要件として、同号ハにおいて「その者と事実上婚姻関係と同様の事情にあると認められる者として財務省令で定めるものがいないこと」としている。このように、租税法には、内縁関係が認定できることを前提としている規定が存在している。この点につき、本件大阪地裁も次のように説示している。

> 　「しかし……扶養親族であるかどうかは毎年の12月31日の現況によるのであるから、徴税機関が右発生日時を確定する必要はない。そうすると、あとは申告書に記載ある場合に12月31日現在において、納税義務者と生計を一にする者が、内縁の配偶者であるかどうかを認定しさえすればよいことになり、これはさほど困難ではなく、婚姻届のなされている配偶者の場合に比して特段の差を認めることができない。」

（3）　実質によるべきか形式によるべきか

　また、租税法の解釈適用に当たっては、対象とされる事実の実質的側面に

注目して行うべきか、形式的側面に注目して行うべきかが論じられることがある。

この点は、金子宏東京大学名誉教授が、「他の法分野におけると同様に、租税法においても、要件事実の認定に必要な事実関係や法律関係の『外観と実体』、『形式と実質』ないし『名目と内容』がくいちがっている場合には、外観・形式ないし名目に従ってではなく、実体・実質ないし内容に従って、それらを判断し認定しなければならない」と論じられるとおり（金子・租税法148頁）、実質は形式を凌駕すると考えるべきであろう。

そうであれば、なおさら、形式上の「婚姻届」という書類の提出のみに着目をするのではなく、租税法がその適用の基礎とすべきとされている実質、すなわち、婚姻の意思や共同生活の実体という側面の認定を前提として課税関係を考えるべきなのではないかという疑問が浮上する。

そもそも、心素である婚姻意思と体素である共同生活が一体となった状態である内縁関係は、婚姻意思が存在するが共同生活を欠く場合である婚約や、婚姻意思が存在しないいわゆる私通関係とは区別されているのである。民法は、この実質的な婚姻関係に配慮して、様々な議論を経て、学説および判例において、婚姻関係と同様の法律的保護を与えるようにしており、また、他の社会法領域においても同様に内縁関係者を保護しているものと考える。

■図表4　一般的な心素・体素と法的関係

		共同生活（体素）	
		あり	なし
婚姻意思（心素）	あり	婚姻関係（内縁関係を含む）	婚約
	なし	私通	

たとえば、最高裁昭和33年4月11日第二小法廷判決（民集12巻5号789

頁）は、次のように説示し、内縁の配偶者を保護している。

> 「いわゆる内縁は、婚姻の届出を欠くがゆえに、法律上の婚姻ということはできないが、男女が相協力して夫婦としての生活を営む結合であるという点においては、婚姻関係と異るものではなく、これを婚姻に準ずる関係というを妨げない。そして民法709条にいう『権利』は、厳密な意味で権利と云えなくても、法律上保護せらるべき利益があれば足りるとされるのであり……、内縁も保護せられるべき生活関係に外ならないのであるから、内縁が正当の理由なく破棄された場合には、故意又は過失により権利が侵害されたものとして、不法行為の責任を肯定することができるのである。されば、内縁を不当に破棄された者は、相手方に対し婚姻予約の不履行を理由として損害賠償を求めることができるとともに、不法行為を理由として損害賠償を求めることもできるものといわなければならない。」

このように考えると、租税法においても同様に、内縁の配偶者を配偶者控除の対象として問題はないようにも思われるが、どうであろうか。

■ 図表5

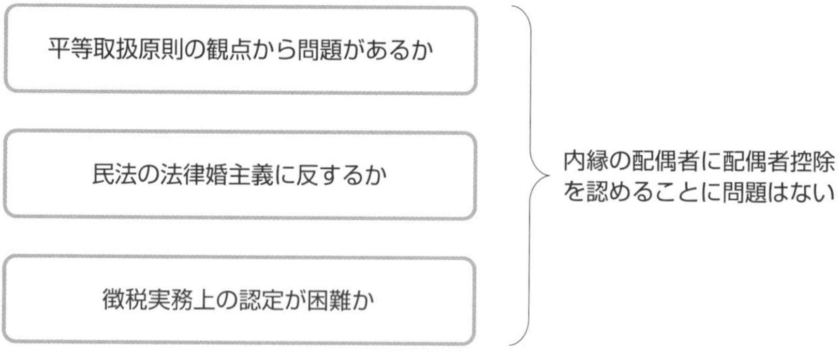

平等取扱原則の観点から問題があるか

民法の法律婚主義に反するか

徴税実務上の認定が困難か

内縁の配偶者に配偶者控除を認めることに問題はない

租税行政上特段の問題はなく、平等取扱原則や民法の法律婚主義に反することもないことからすれば、租税法において、内縁の配偶者を配偶者控除の対象としてもよいように思われる。むしろ、実質的な担税力課税の実現という見地からすれば、積極的に控除を認めるべきではないかとさえ思える。

■ 図表6

```
┌─────────────────────────────────┐ ┐
│ 形式より実質を重視すべきという見地 │ │
└─────────────────────────────────┘ │   内縁の配偶者に配偶者控除
                                     ├─  を認めるべきではないか
┌─────────────────────────────────┐ │
│ 担税力課税の実現という見地         │ │
└─────────────────────────────────┘ ┘
```

　しかしながら、最終的に、本件大阪地裁は、文理解釈の見地から内縁の配偶者に当時の扶養控除の適用を否定する判断を示した。

> 　「およそわが法体系上、ある法律分野における法律用語は他の分野においても同一意味を有するのが原則であるから、ある法律で単に『配偶者』及び『親族』と規定している場合には民法上の配偶者（すなわち婚姻届をした配偶者）及び親族を指称するものと解すべきである。」

　同地裁は、このように原則論を論じたうえで、「配偶者（届出をしないが事実上婚姻関係と同様の事情にある者を含む。）」と規定する条文と、かっこ書き等を付けずに単に「配偶者」と規定する条文があることに着目し、さらに次のように論じる。

> 　「民法以外の法律分野において、法律上の配偶者のみならず、いわゆる内縁の配偶者をも問題とする場合には、<u>配偶者（届出をしないが事実上婚姻関係と同様の事情にある者を含む）</u>等の表現により、その旨を規定しているのが通常である（たとえば、健康保険法第1条第2項、日雇労働者健康保険法第3条第2項、国民年金法第5条第3項、厚生年金保険法第3条第2項、国家公務員災害補償法第16条第1項、一般職の職員の給与に関する法律第11条第2項第1号、国家公務員共済組合法第2条第1項、市町村職員共済組合法第16条、優生保護法第3条第1項、国税徴収法第75条第1項等）。右の如き表現によっていない恩給法第72条の遺族中には内縁の配偶者は包含せられないものと解せられ、そのように取扱われ

　すなわち、所得税法はかっこ書きをつけずに「配偶者」と規定していることから、他の社会法と同様に配偶者のなかに内縁の配偶者を読み込むことはできないと論じるのである。

■ **図表7**

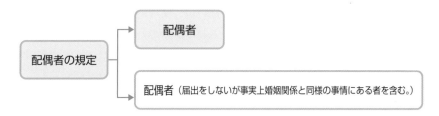

■ **図表8**

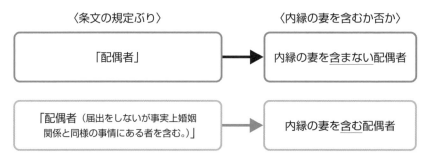

　そして、本件大阪地裁は次のように結論付けている。

> 趣旨からすれば、法律上の配偶者と内縁のそれとを区別すべきいわれはないように思われる。しかしながら、現行所得税法の解釈上では内縁の配偶者を扶養控除の対象としているものということができない。」

　このように、結局は、文理を乗り越えられない限り、配偶者控除の対象となる「配偶者」に内縁の配偶者を含めて解釈することはできないという。

　本件大阪地裁は、種々論じたうえで、結局は、条文がどのように規定されているのかという点に最終的な判断の根拠を求めたのである。

（4）　国税徴収法上の「配偶者」

　この点、たとえば、同じ租税法であっても、国税徴収法 75 条《一般の差押禁止財産》は、次のように規定して、内縁関係者の所有する生活最低限の用に供する財産への差押えを禁止している。

> 国税徴収法 75 条《一般の差押禁止財産》
> 　次に掲げる財産は、差し押えることができない。
> 　一　滞納者及びその者と生計を一にする配偶者（届出をしていないが、事実上婚姻関係にある者を含む。）その他の親族……の生活に欠くことができない衣服、寝具、家具、台所用具、畳及び建具

　国税徴収法は、婚姻の届出をしていないが事実上婚姻関係にある者を、婚姻の届出がある者と同じ扱いをしているが、それは、「配偶者（届出をしていないが、事実上婚姻関係にある者を含む。）」と規定して、事実上の婚姻関係者を配偶者のなかに含めているからということなのである。

　このように考えると、本件大阪地裁判決では、配偶者控除の対象に事実上の配偶者が含まれるか否かは、民法からの借用概念（第 3 部参照）であることを前提に判断しているというよりも、むしろ租税法の条文の記載ぶりに着目をした文理解釈による整理で決着をつけているというべきであろう。

　内縁の配偶者を配偶者控除（当時は扶養控除）の対象とはしないとする結論

は、その後、最高裁平成 9 年 9 月 9 日第三小法廷判決（訟月 44 巻 6 号 1009 頁）においても論じられ、現在は判例として定着している。

🌸　もっとも、この最高裁判決は、あっさりと、「所得税法 83 条及び 83 条の 2 にいう『配偶者』は、納税義務者と法律上の婚姻関係にある者に限られると解するのが相当であ〔る〕」と論じており、上記に取り上げた大阪地裁判決の文理を頼りに解釈を展開する考え方とは異なり、借用概念の観点から法律上の形式的婚姻関係に判断の基礎を見出している（この事件の第一審名古屋地裁平成 7 年 9 月 27 日判決（訟月 44 巻 6 号 1015 頁）は、「身分関係の基本法たる民法は、婚姻の届出をすることによって婚姻の効力が生ずる旨を規定し（739 条 1 項）、そのような法律上の婚姻をした者を配偶者としている（725 条、751 条等）から、所得税法上の『配偶者』についても、婚姻の届出をした者を意味すると解すべきことになる。」として、借用概念の観点からの解決を図っている）。

　この点、課税実務は、上記名古屋地裁平成 7 年 9 月 27 日判決と同様の立場に立っているようである。すなわち次のような取扱いを示している。

> 所得税基本通達 2 − 46《配偶者》
> 　法〔筆者注：所得税法〕に規定する配偶者とは、民法の規定による配偶者をいうのであるから、いわゆる内縁関係にある者は、たとえその者について家族手当等が支給されている場合であっても、これに該当しない。

🌸　内縁の配偶者の問題は、今日の多様化する家族のあり方や超高齢化社会においてさらに大きな問題として存在していると思われるが、担税力の配慮という面から立法論をも含めた再検証を行うことが望まれるところである。

4………一夫多妻制と配偶者控除

　今日的問題の別の局面に、いくつかのイスラム教国等で認められる一夫多妻制のもとで多数の配偶者を有する者がわが国の居住者に該当する場合に、何人分の配偶者控除額が認められるのかという問題がある。

　配偶者控除の生計同一要件は本国への仕送りなどの事実によって確認することができるところ、たとえば、4 人の配偶者を有していた場合に、38 万円 × 4 人分の配偶者控除額の控除を受けることができるのかという問題である。

この問題は、借用概念の解釈で乗り越えられるものであろうか。

少なくとも、前述のとおり、民法を前提として「配偶者」概念を理解しようにも、民法はそもそも一夫一妻制を採用し、重婚を禁止しているのであるから、民法上、多数の配偶者を観念することはできない。

そこで、解釈の糸口の一つを提示するものに、法の適用に関する通則法がある（前掲の所得税基本通達2－46の（注））。

所得税基本通達2－46《配偶者》
　（中略）
（注）　外国人で民法の規定によれない者については、法の適用に関する通則法（平成18年法律第78号）の規定によることに留意する。

すなわち、法の適用に関する通則法に従えば、当該外国において適法に成立した婚姻関係に従うことになるから（法通法24）、配偶者控除の対象となる配偶者も4人まで認められることになるように思われる。

しかしながら、4人の配偶者を所得税法上の配偶者として認められるとしても、同法83条が配偶者控除について「控除対象配偶者を有する場合」に38万円を控除すると規定していることに留意する必要がある（なお、現行の配偶者控除の金額は、38万円をベースとしつつ、居住者の合計所得金額に応じて26万円あるいは13万円へ低減する仕組みになっているが、ここでは簡潔に一律38万円として考えることとする）。

つまり、所得税法は、配偶者控除の適用要件として「控除対象配偶者を有する」か否かのみを問題としており、「有する」場合の控除額は、その居住者の合計所得金額が900万円以下である場合、38万円と固定されているのである（なお、この点は、所得税法84条《扶養控除》が「扶養親族1人につき38万円……を控除する」と規定しているのとは異なる）。

所得税法83条《配偶者控除》
　　居住者が控除対象配偶者を有する場合には、その居住者のその年分の総所得金額、退職所得金額又は山林所得金額から次の各号に掲げる場合の区分に

応じ当該各号に定める金額を控除する。

　一　その居住者の……合計所得金額が……900 万円以下である場合　38 万円
　　（その控除対象配偶者が老人控除対象配偶者である場合には、48 万円）
　二　その居住者の合計所得金額が 900 万円を超え 950 万円以下である場合
　　26 万円（その控除対象配偶者が老人控除対象配偶者である場合には、32 万
　　円）
　三　その居住者の合計所得金額が 950 万円を超え千万円以下である場合　13
　　万円（その控除対象配偶者が老人控除対象配偶者である場合には、16 万円）

　このように、所得税法の規定ぶりは、控除対象配偶者の有無のみを問題と
し、その控除額を固定している。すなわち、課税要件は「控除対象配偶者を
有する」ことで、その法律効果は控除額の控除である。したがって、たとえ
その居住者（合計所得金額が 900 万円以下である場合）が配偶者を何人有してい
たとしても、配偶者控除の金額は 38 万円ということになるのである。

　これも文理解釈による解決である。

5………本節のまとめ

　ここでは、所得税法上の配偶者控除（所法 83）を素材として、文理解釈の適
用ケースをみた。所得税法上の「配偶者」概念は民法からの借用概念である
とされ、借用概念の解釈に当たっては民法上の概念と同様に解釈すべしとし
て理解されているように思われる。しかしながら、ここで素材として挙げた
大阪地裁判決は、民法からの借用概念であるか否かという点よりも、その「配
偶者」の規定ぶりに注意を払い、単に「配偶者」とのみ規定しているか、あ
るいは「配偶者（届出をしていないが事実上婚姻関係と同様の事情にある者を含
む。）」と規定しているのかという点から、結論を導出している。このような
解釈は文理解釈によるものであるといえよう。

　なお、前述のとおり、最高裁平成 9 年 9 月 9 日第三小法廷判決は、大阪地
裁判決の判断とは異なり、所得税法上の「配偶者」を借用概念であるとし、
民法上の配偶者、すなわち婚姻の届出のある配偶者を指すと論じている。

■ 図表 9

所得税法 83 条の「控除対象配偶者」については定義あり

⬇

「控除対象配偶者」とは「居住者の配偶者」をいう （所法 2①三十三の二）

⬇

しかしながら、所得税法に「配偶者」の定義はない

⬇

民法上の「配偶者」概念による

⬇

しかしながら、外国人の場合、わが国民法によることができない

⬇

法の適用に関する通則法による

⬇

当該外国で適法に成立した婚姻関係に従う （法通法 24）

⬇

当該外国における適法な婚姻＝わが国における「配偶者」に該当

⬇

所得税法上の「配偶者」に該当

⬇

所得税法 83 条の「控除対象配偶者」に該当

⬇

配偶者を有する場合には 38 万円を控除

⬇

配偶者控除の控除額は 38 万円

このように、内縁の配偶者が配偶者控除の対象とされないという結論に関しては両判決とも一致しているが、その論拠が異なっている点に着目しておきたい。

■ 図表 10　二つのルート

借用概念	最高裁平成 9 年 9 月 9 日第三小法廷判決
文理解釈	大阪地裁昭和 36 年 9 月 19 日判決

5. 文理解釈—ホステス報酬事件

1·········本節のポイント—所得税法施行令 322 条の「期間の日数」

　租税法律主義のもとでは、条文に書いてある内容に忠実に従って、租税が賦課徴収されることになる。しかし、条文の内容が十分に明確でないと、いくつかの異なる解釈が可能となってしまうというようなケースも少なくない。たとえば、所得税法施行令 322 条は、報酬または料金の源泉徴収税額の計算に当たり、「期間の日数」に一定の数額をかけて算出するという仕組みを採っている。

> 所得税法 204 条《源泉徴収義務》
> 　居住者に対し国内において次に掲げる報酬若しくは料金、契約金又は賞金の支払をする者は、その支払の際、その報酬若しくは料金、契約金又は賞金について所得税を徴収し、その徴収の日の属する月の翌月 10 日までに、これを国に納付しなければならない。
> 六　キャバレー、ナイトクラブ、バーその他これらに類する施設でフロアにおいて客にダンスをさせ又は客に接待をして遊興若しくは飲食をさせるものにおいて客に侍してその接待をすることを業務とするホステスその他の者（以下この条において「ホステス等」という。）のその業務に関する報酬又は料金

> 所得税法 205 条《徴収税額》
> 　前条第 1 項の規定により徴収すべき所得税の額は、次の各号の区分に応じ当該各号に掲げる金額とする。
> 一　……
> 二　前条第 1 項……第 6 号に掲げる報酬若しくは料金……　その金額（当該賞金が金銭以外のもので支払われる場合には、その支払の時における価額として政令で定めるところにより計算した金額）から政令で定める金額を

控除した残額に 100 分の 10 の税率を乗じて計算した金額

所得税法施行令 322 条《支払金額から控除する金額》
法第 205 第 2 号（報酬又は料金等に係る徴収税額）に規定する政令で定める金額は、次の表の上欄に掲げる報酬又は料金の区分に応じ、同表の中欄に掲げる金額につき同表の下欄に掲げる金額とする。

法第 204 条第 1 項第 6 号に掲げる報酬又は料金〔上欄〕	同一人に対し 1 回に支払われる金額〔中欄〕	5000 円に当該支払金額の計算期間の日数を乗じて計算した金額〔下欄〕

　そこで、この「期間の日数」をどのように理解すればよいのかという問題が起こり得る。すなわち、「期間の日数」とは、「連続した日数」をいうのか、あるいはある一定の「期間」のなかから対象となる「日数」のみをカウントするのかというようにである。

　実務的に重要な租税法の解釈手法には、**4.** で確認したように、文理解釈と目的論的解釈とがあるが、上記の問題を明らかにするためには、この二つの解釈手法のいずれが採用されるべきなのか検討する必要がある。

　ここでは、パブクラブの経営者がホステスに対して支払った報酬に係る源泉徴収税額の計算を巡る訴訟、いわゆるホステス報酬事件第一審東京地裁平成 18 年 3 月 23 日判決（民集 64 巻 2 号 453 頁）、控訴審東京高裁平成 18 年 12 月 13 日判決（民集 64 巻 2 号 487 頁）および上告審最高裁平成 22 年 3 月 2 日第三小法廷判決（民集 64 巻 2 号 420 頁）[2] を素材にして、租税法の解釈手法について考えてみたい。

---

2) 判例評釈として、佐藤英明・租税判例百選〔第 5 版〕30 頁（2011）、渕圭吾・租税判例百選〔第 7 版〕28 頁（2021）、鎌野真敬・平成 22 年度最高裁判所判例解説〔民事篇〕〔上〕122 頁（2014）、大淵博義・ジュリ 1421 号 131 頁（2011）など参照。

2………検討素材

―パブクラブの経営者がホステスに対して支払った報酬に係る源泉徴収税額の計算における「期間の日数」が争われた事例（ホステス報酬事件）

（1） 事案の概要

　本件は、パブクラブを経営する X_1 および株式会社 X_2 が支払ったホステスに対する報酬について、源泉徴収税額が過少であるとして納税告知処分および不納付加算税の賦課決定処分がなされたところ、X ら（原告・控訴人・上告人）がこれを不服として、国 Y（被告・被控訴人・被上告人）に対しその取消しを求めた事例である。

　所得税法 204 条 1 項 6 号は、「キャバレー、ナイトクラブ、バーその他これらに類する施設でフロアにおいて客にダンスをさせ又は客に接待をして遊興若しくは飲食をさせるものにおいて客に侍してその接待をすることを業務とするホステスその他の者（以下この条において『ホステス等』という。）のその業務に関する報酬又は料金」の支払をする者につき、源泉徴収義務を課しているが、その税額計算は次の算式のように行うこととされている（所法 205 二、所令 322）。この数式は、所得税法施行令 322 条を表したものである。本件では、この算式の「当該支払金額の計算期間の日数」の解釈が問題となった。

$$\left[\begin{array}{l}\text{同一人に対して1回}\\\text{に支払われる金額}\end{array}\right] - \left[5{,}000\text{円}\times\begin{array}{l}\text{当該支払金額の}\\\text{計算期間の日数}\end{array}\right]\times10\% = \text{基礎控除方式}$$

 なお、現行税率は復興特別所得税を含め 10.21％ である。

（2） 争点

　たとえば、1 か月に 2 回の報酬支払日があるケースを考えよう。4 月 1 日から 4 月 15 日までの分を 4 月 15 日に支払い、4 月 16 日から 4 月 30 日までの分を 4 月 30 日に支払うというようなケースである。ここで、4 月 1 日から 4 月 15 日まで（あるいは 4 月 16 日から 4 月 30 日まで）の分について、報酬から差し引かれる源泉徴収税額がいくらになるのかが問題となる。

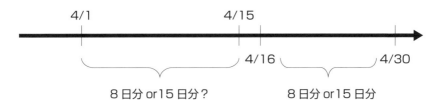

とあるキャバレー「キャバレー西国分寺」で働くホステスが、この期間 15 日の間に 8 日間勤務をしたとしよう。4 月 15 日に 10 万円の報酬が支払われるとした場合に、次のような源泉徴収税額の計算が想定される。

① {10 万円－(5,000 円× 15 日)}×10%＝ 2,500 円
② {10 万円－(5,000 円× 8 日)}×10%＝ 6,000 円

　X らは、文理解釈上、15 日分の控除ができると考えて①の計算をしたのに対して、所轄税務署長は、この基礎方式は必要経費の概算計算であると考え法の趣旨からして、必要経費が発生する期間、すなわち勤務日のみの 8 日分しか控除できないと考えて②の計算をした。

　このように、所得税法施行令 322 条に規定する「当該支払金額の計算期間の日数」とは、ホステスが実際に勤務した日数をいうのか、あるいは報酬の支払期間に応じた全日数をいうのか解釈が分かれ得るのである。

　本件では、X らは、文理解釈に従うべきであると主張したのに対して、Y

■ 図表 2

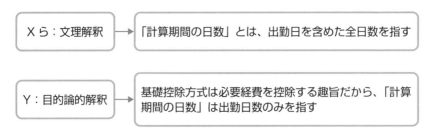

は法の趣旨を強調する主張をした。

3………東京高裁平成 18 年 12 月 13 日判決

第一審東京地裁平成 18 年 3 月 23 日判決は、X らの主張を棄却したため、X らが控訴をしたところ、控訴審東京高裁判決は、次のとおり判示し、「計算期間の日数」は実際の出勤日をいうとした。

> 「ホステス等の個人事業者の場合、その所得の金額は、その年中の事業所得に係る総収入金額から必要経費を控除した金額（法 27 条 2 項）であるから、源泉徴収においても、『同一人に対し 1 回に支払われる金額』から可能な限り実際の必要経費に近似する額を控除することが、ホステス報酬に係る源泉徴収制度における基礎控除方式の趣旨に合致する。本件のように、報酬の算定要素となるのが実際の出勤日における勤務時間である場合には、当該出勤日についてのみ稼働に伴う必要経費が発生するととらえることが自然であって、これによるのが、非出勤日をも含めた本件各集計期間の全日について必要経費が発生すると仮定した場合よりも、実際の必要経費の額に近似することになる。
> 施行令 322 条の『当該支払金額の計算期間の日数』とは、『同一人に対し 1 回に支払われる金額』の計算要素となった期間の日数を指すものというべきである。そして、本件における契約関係を前提とした場合、各ホステスに係る施行令 322 条の『当該支払金額の計算期間の日数』とは、本件各集計期間の日数ではなく、実際の出勤日数であるということができる。」

🌷 上記の判旨は、上告審最高裁平成 22 年 3 月 2 日第三小法廷判決がまとめたものである。

4………最高裁平成 22 年 3 月 2 日第三小法廷判決

これに対し、上告審最高裁判決は、次のとおり判示し、「計算期間の日数」はホステスの実際の稼働日数ではなく、当該期間に含まれるすべての日数であるとした。

「一般に、『期間』とは、ある時点から他の時点までの時間的隔たりといった、時的連続性を持った概念であると解されているから、施行令322条にいう『当該支払金額の計算期間』も、当該支払金額の計算の基礎となった期間の初日から末日までという時的連続性を持った概念であると解するのが自然であり、これと異なる解釈を採るべき根拠となる規定は見当たらない。

原審は、上記……のとおり判示するが、租税法規はみだりに規定の文言を離れて解釈すべきものではなく、原審のような解釈を採ることは、上記のとおり、文言上困難であるのみならず、ホステス報酬に係る源泉徴収制度において基礎控除方式が採られた趣旨は、できる限り源泉所得税額に係る還付の手数を省くことにあったことが、立法担当者の説明等からうかがわれるところであり、この点からみても、原審のような解釈は採用し難い。

そうすると、ホステス報酬の額が一定の期間ごとに計算されて支払われている場合においては、施行令322条にいう『当該支払金額の計算期間の日数』は、ホステスの実際の稼働日数ではなく、当該期間に含まれるすべての日数を指すものと解するのが相当である。」

5⋯⋯⋯解釈手法の対立

（1） Yの主張 ─目的論的解釈によるべき！

本件において、Yは、この「当該支払金額の計算期間の日数」とは、XらとホステスとのX契約内容、源泉徴収制度および基礎控除方式の趣旨および目的、ならびに租税負担の適正および公平の観点からすれば、ホステス報酬の支払金額の計算の対象となった日の合計数（当該支払金額の計算期間の出勤日数）である本件各集計期間のうちの出勤日数と解すべきである旨主張した。

これは、基礎控除方式の趣旨などを考慮に入れた解釈をすべきであるとの主張である。すなわち、前述したようにホステスは事業所得者であり、その事業所得の金額の計算において必要経費額の代わりに、「5,000円×当該支払金額の計算期間の日数」を控除するという基礎控除方式が採用されている。その趣旨からすれば、8日間しか出勤していないホステスの必要経費の計算

をするのに、出勤していない日数までカウントして15日分控除するのは法の趣旨に反するというのである。

　このように条項の趣旨によって解釈をするのが、目的論的解釈という解釈手法である。なお、ここでは「出勤日数」と、縮小解釈を展開している。

■ **図表3　Yの主張**

目的論的解釈　→　必要経費の計算なのだから出勤日数分だけ控除

（2）　Xらの主張 ─ 文理解釈によるべき！

　これに対して、源泉徴収義務者たるXらは、「一般に『期間』とはある時点からある時点までの継続した時の区分であるから、上記『当該支払金額の計算期間の日数』とは、当該支払金額の計算の対象となる起算点から満了点までの継続した日数であって、本件各ホステスの報酬の計算期間の日数は本件各集計期間の全日数である」と反論した。ここでは、条文が「当該支払金額の計算期間の日数」という表現をしており、出勤日数のみをカウントするような規定となっていないのであるから、条文どおりに解釈して、欠勤している日をも含めて「計算期間の日数」の全日数に5,000円を乗じて控除額を計算すべきというのである。このように条文に書き表されている文言をできるだけ素直にそのまま解釈するのが文理解釈の手法である。

■ **図表4　Xらの主張**

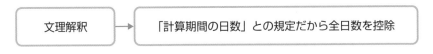

文理解釈　→　「計算期間の日数」との規定だから全日数を控除

6………文理解釈を優先すべきとする考え方

─東京地裁平成4年1月28日判決

　本件では、文理解釈を主張するXらと目的論的解釈を主張するYという

ように、二つの解釈手法の是非が争われているが、いずれの解釈手法が優先されるのであろうか。この点について、たとえば、東京地裁平成4年1月28日判決（行集43巻1号7頁）の事件では、文理解釈にとらわれるべきではないと主張する納税者側の主張が排斥されている。

　この事件において、同地裁は、まず次のように説示した。

> 　「租税法律主義の原則上、課税要件のすべては法律又は法律に基づく命令に規定されていなくてはならないが、課税要件を定めた法令の規定は、それが多様な解釈を許すような抽象的かつ多義的な文言で構成されると、租税法律主義の趣旨が実質的に損われることがあり得るので、できる限り一義的に明確なものであることが要請される〔。〕」

　そのうえで、文理解釈の重要性について次のように論じる。

> 　「租税法律主義の原則は課税作用が国民の財産権に対する侵害であることに基づいて認められている建前であること、及び法人税のように申告納税制度を採用するものについては、課税要件を定めた法令の規定は納税者が課税準備及び納付すべき税額を算出する拠り所となるものであることからすれば、課税要件を定めた法令の規定が、経験上一定の具体的な意味内容を示すものとして用いられることが通常である文言や法令自身によってその内容が定義された文言を用いて課税要件を定めている場合においては、その課税要件は、原則的には当該文言の通常の用例に係る意味内容や法令によって定義された内容に即して文理的に解釈されなければなら〔ない。〕」

　そして、例外的に目的論的解釈が認められるケースについて次のように述べる。

> 　「例外的にかかる文理解釈によっては明らかに不当な結果となるような場合において、はじめて当該文言の通常の用例に係る意味内容や法令によって定義された内容を拡大若しくは縮小し、又はこれに別異の意義を付

与して解釈することができるものと解すべきである。このことは、当該法令の規定が一定の計算方法によって算出される金額につき、特別控除として損金に算入すべき旨を定めている場合であっても何ら変るところはない。」

つまり、まずは、租税法律主義や申告納税制度の見地から文理解釈を優先すべきであり、文理解釈によると明らかに不当な結果となるような場合に、はじめて目的論的解釈を展開する必要があるというのである。

■**図表5　本件東京地裁判決の考え方**

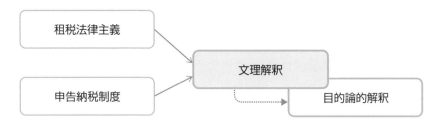

このような考え方は、租税法の解釈において通説的に理解されているところである。

すなわち、租税法が国民の財産権を侵害する侵害規範であることを考えれば、できるだけルールブックに書いてあるとおりに解釈をすることが予測可能性にも資するし、何よりも解釈の不安定な揺らぎを排除することができることにもなろう。ひいては、恣意的な課税を排除することにもつながるし、納税者が自己に都合のよい解釈をすることの防止にもなると考えれば、文理解釈が優先的になされるべきとの考え方は納得のできるものである。

7………**本節のまとめ**

前述のように、本件最高裁判決においては、X らの主張が採用され、文理解釈を基調とした判断が展開された。すなわち、同最高裁は、全日数を控除

するという解釈が妥当であるとした。

■ **図表6　本件最高裁判決の考え方**

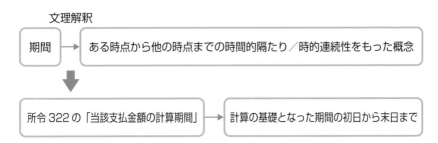

　もっとも、文理解釈が優先されるとはいっても、そもそもの法の趣旨を没却することになっては法の解釈として問題がある。そのような意味では、文理解釈を行った結果、そこで導き出された解釈が法の趣旨に明らかに反するものとなるということでは、妥当な解釈とはいえないことはいうまでもない。

　現に、本件最高裁判決は、趣旨の観点からも検証を行い、還付の手間を省くことに所得税法施行令322条の趣旨があったとしたうえで、ここで得られた結論はそのような趣旨にも合致する旨判示している。

6. 文理解釈と立法趣旨
―偽りその他不正の行為と隠蔽仮装行為

1………本節のポイント

―国税通則法 70 条 5 項の「偽りその他不正の行為」

　ここでは、遡及課税を規定する国税通則法 70 条《国税の更正、決定等の期間制限》5 項の解釈問題を素材として、文理解釈の意義をみてみたい。

> 国税通則法 70 条《国税の更正、決定等の期間制限》
> 5　次の各号に掲げる更正決定等は、第 1 項又は前二項の規定にかかわらず、第 1 項各号に掲げる更正決定等の区分に応じ、同項各号に定める期限又は日から 7 年を経過する日まで、することができる。
> 　一　偽りその他不正の行為によりその全部若しくは一部の税額を免れ、又はその全部若しくは一部の税額の還付を受けた国税（当該国税に係る加算税及び過怠税を含む。）についての更正決定等
> 　二　偽りその他不正の行為により当該課税期間において生じた純損失等の金額が過大にあるものとする納税申告書を提出していた場合における当該申告書に記載された当該純損失等の金額（当該金額に関し更正があつた場合には、当該更正後の金額）についての更正（……）
> 　三　……

　ところで、納税者以外の者が、当該納税者の税額を免れるために偽りその他不正の行為を行った場合であっても、更正期限から 7 年を経過する日まで遡及課税がなされるとするこの規定が適用されるのであろうか。これが本節での問題関心である。

　他方で、この規定の近くに配置されている同法 68 条《重加算税》1 項にいう重加算税の賦課決定についてはどうであろうか。納税者以外の者が、隠蔽仮装行為を行っていた場合に、重加算税が当該納税者に課されることになるのであろうか。

国税通則法 68 条《重加算税》
　　第 65 条第 1 項《過少申告加算税》の規定に該当する場合（修正申告書の提
　　出が、その申告に係る国税についての調査があったことにより当該国税につ
　　いて更正があるべきことを予知してされたものでない場合を除く。）において、
　　納税者がその国税の課税標準等又は税額等の計算の基礎となるべき事実の全
　　部又は一部を隠蔽し、又は仮装し、その隠蔽し、又は仮装したところに基づ
　　き納税申告書を提出していたときは、当該納税者に対し、政令で定めるとこ
　　ろにより、過少申告加算税の額の計算の基礎となるべき税額……に係る過少
　　申告加算税に代え、当該基礎となるべき税額に 100 分の 35 の割合を乗じて
　　計算した金額に相当する重加算税を課する。

　二つの条文をみると、国税通則法 68 条 1 項では、「納税者が」隠蔽仮装行
為をした場合に重加算税を課すというように、明確に「納税者が」と規定さ
れているのに対して、同法 70 条 5 項の場合には、「納税者が」という文言は
用いられていない。このような規定ぶりの差異は、同法 70 条 5 項の解釈に
おいてどのように影響するのであろうか。
　この点について、東京地裁平成 14 年 12 月 6 日判決（後掲 M 税理士事件第
一審判決）は、次のように判示している。

　　「特に行為主体が限定されることなく規定されている国税通則法 70 条
　　5 項にいう『偽りその他不正の行為』とは、税額を免れる意図のもとに、
　　税の賦課徴収を不能又は著しく困難にするような何らかの偽計その他の工
　　作を伴う不正な行為を行っていることをいい、『偽りその他不正の行為』を
　　行ったのが納税者であるか否か、あるいは納税者自身において『偽りその
　　他不正の行為〔ママ〕』の認識があるか否かにかかわらず、客観的に『偽り
　　その他の不正の行為』によって税額を免れた事実が存在する場合には、同
　　項の適用があると解するのが相当である。」

　また、神戸地裁昭和 57 年 4 月 28 日判決（訟月 28 巻 8 号 1662 頁）は、次の
ように述べ、国税通則法 68 条の隠蔽仮装行為と同法 70 条 5 項（当時 2 項）の
「偽りその他不正の行為」とを同様に論じることはできないとしている。

> 「重加算税は、納税者が隠ぺい、仮装という不正手段を用いた場合に、これに特別に重い負担を課することによって、申告納税制度の基盤が失われるのを防止することを目的とするものであるから、これを賦課すべき要件充足の有無の問題と、偽りその他不正の行為があった場合に既に成立している抽象的納税義務を適正に具体化するために更正の期限期間を延長するにすぎない国税通則法第 70 条第 2 項第 4 号〔現行 5 項〕の適用の有無の問題とを同断に論じることはできない。」

　ここでは、一つ有名な事例、いわゆる M 税理士事件第一審東京地裁平成 14 年 12 月 6 日判決（民集 60 巻 4 号 1773 頁）、控訴審東京高裁平成 15 年 12 月 9 日判決（民集 60 巻 4 号 1823 頁）および上告審最高裁平成 18 年 4 月 25 日第三小法廷判決（民集 60 巻 4 号 1728 頁）[3] を素材にこの問題を考えてみたい。これは、税理士が脱税工作を行ったとされた事件である。

2………検討素材
― 税理士による偽りその他不正の行為（M 税理士事件）

（1）　事案の概要
　本件は、納税者が、税理士の不正行為を認識せず、またそのような疑いを抱くこともなく、税理士が適正な確定申告手続を行うものと信頼して、確定申告手続を委任していたという事件である。
　事案の概要は、最高裁判決の認定によると次のとおりである。
　〔1〕　X（原告・控訴人（被控訴人）・被上告人）は、平成 7 年 2 月 13 日、譲渡資産の譲渡に係る所得税の確定申告手続の相談のため U 税務署に赴いた。その帰りに立ち寄った喫茶店で税務署に行って来たことを話していたところ、客として来店していた M 税理士が名刺を差し出すなどしたことから、近く

3）判例評釈として、川神裕・平成 18 年度最高裁判所判例解説〔民事篇〕615 頁（2009）、浦東久男・租税判例百選〔第 5 版〕176 頁（2011）、今本啓介・租税判例百選〔第 7 版〕196 頁（2021）、酒井克彦・税務弘報 55 巻 5 号 185 頁（2007）参照。

のM税理士の事務所を見せてもらいに行き、「私は国税局のＯＢだ」、「税務署長は私の部下のようなもんだ」、「偉い人はみんな知っている」などというM税理士の言葉を信用し、U税務署で手直ししてもらった確定申告書の下書き等の書類をM税理士に見せた。M税理士は、「私に任せなさい。もう少し安くなるから」と言ったため、Xは、M税理士に本件確定申告手続を依頼する決心をした。翌日、Xが本件譲渡資産の譲渡に係る関係書類等を持参してM税理士に税額と手数料について尋ねたところ、M税理士は、「手数料込みで520万円でよい」と答えたが、どのような方法で税金が安くなるかなどについて説明せず、Xもその点を尋ねたりはしなかった。Xは、同日、委任状に署名して、正式に本件確定申告手続をM税理士に委任し、同月17日520万円を支払った。

〔2〕 M税理士は、同年3月14日Xの住所欄に虚偽の住所を記載し、長期譲渡に係る一般所得分の必要経費欄に「1億4336万6721円」と虚偽の数額を記載するなどして、長期譲渡所得金額、総所得金額および納付すべき税額をいずれも0円とする本件確定申告書を作成し、D税務署に提出した。本件確定申告書には、本件買換特例の適用を受ける旨の記載はなく、関係書類も添付されていなかった。

D税務署のB統括国税調査官は、M税理士からXほか3名の平成6年分の譲渡所得に係る所得税の各確定申告につき架空経費等の計上により過少申告した事実を黙認するなどしてその発覚を未然に防止してもらいたい旨の請託を受け、その謝礼として現金500万円の供与を受けて賄賂を収受し、Xらの過少申告の事実を黙認した（M税理士とB統括国税調査官とが共謀のうえ行ったXに係る上記不正な過少申告行為を、以下「本件不正行為」という）。M税理士は、Xから受領した520万円を自己の用途に費消した。

〔3〕 Xは、M税理士に本件確定申告手続を委任した際、M税理士が上記のような不正行為を行うことを認識せず、そのような疑いを抱くこともなく、同税理士が適法に確定申告手続を行うものと信頼して、本件確定申告手続を委任したものである。

Xは、同月16日、確定申告はすべて終了したとの報告を受け、その後、預

けていた書類一切の入ったファイルを M 税理士から受け取ったが、ファイルの中身を点検したり確認したりはせず、本件確定申告書の控えが入っているかどうかを確認することもしなかった。

〔4〕 M 税理士は、税務署職員として勤務した後、昭和 40 年代に税理士登録をして開業したが、遅くとも平成元年ころから、税務署職員の協力を得て、税務申告を不正に行って脱税行為を繰り返すようになり、同 9 年ころ、これらの脱税行為が発覚し、その後、所得税法違反等の罪により懲役刑の実刑判決を受けた。

なお、B 統括国税調査官も、同 10 年 6 月、前記〔2〕の加重収賄等の罪により懲役刑の実刑判決を受けた。

〔5〕 T 国税局は、X に対する査察調査に着手した。X は、税務署長 Y（被告・被控訴人（控訴人）・上告人）に対し、本件買換特例の適用を前提とする本件修正申告書を提出した。その後、Y は、3 年の更正期限を超えた更正処分と重加算税賦課決定処分を行った。

(2) 争点

本件の争点は、納税者 X に委任された M 税理士が、X の税額を免れるためにした行為が国税通則法 70 条 5 項の「偽りその他不正の行為」に当たるか否かである。さらに、この点に加えて、X が M 税理士の行った偽りその他不正の行為を認識していたかどうかが、同条項の規定の適用の要件であるかどうかという点も争点とされている。

3………東京地裁平成 14 年 12 月 6 日判決

第一審東京地裁判決は、次のように判示している。

> 「X が、M 税理士に確定申告手続を委任した際、M 税理士が不正行為を行うことを認識し、あるいはそのような疑いを抱いていたと推認することは困難であり、かえって、X は、M 税理士が脱税に及ぶとの認識は有して

おらず、また、そのような疑いも抱くことなく、適法に確定申告手続を行ってもらえるものと信頼して、M税理士に対して本件確定申告手続を委任したものであると認めるのが相当である。」

「国税通則法70条5項は、……国税に係る更正については、7年間という長い制限期間を定めたものと解され、同項による制限期間の延長は、納税者が本来納付すべきであった正当税額の納付を求めるものであって、納税者に対して特段の負担を新たに発生させるものではない。

……特に行為主体が限定されることなく規定されている国税通則法70条5項にいう『偽りその他不正の行為』とは、税額を免れる意図のもとに、税の賦課徴収を不能又は著しく困難にするような何らかの偽計その他の工作を伴う不正な行為を行っていることをいい、『偽りその他不正の行為』を行ったのが納税者であるか否か、あるいは納税者自身において『偽りその他不正の行為』の認識があるか否かにかかわらず、客観的に『偽りその他の不正の行為〔ママ〕』によって税額を免れた事実が存在する場合には、同項の適用があると解するのが相当である。」

このように、本件東京地裁は、国税通則法70条5項の適用に当たっては、XがM税理士の行った偽りその他不正の行為についての認識を必要としないと論じている。

■図表1　国税通則法70条5項の概念図(本件東京地裁の解釈)

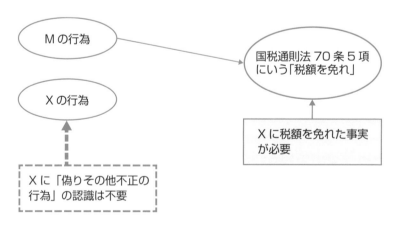

この点、前述の神戸地裁昭和 57 年 4 月 28 日判決は、納税者が、偽りその他不正の行為を実行しなくても、また、その行為に対して認識をしていなくても国税通則法 70 条 5 項（当時 2 項）の適用があることについて、次のように説明している。

　「国税通則法第 70 条第 2 項第 4 号〔筆者注：現行 5 項〕は、『偽りその他不正の行為』によって国税の全部又は一部を免れた納税者がある場合、これに対して適正な課税を行うことができるよう、同条第 1 項各号掲記の更正又は賦課決定の除斥期間を同項の規定にかかわらず 5 年とすることを定めたものである。右のような法の趣旨にかんがみ、被相続人に『偽りその他不正の行為』があったために相続人の提出する確定申告書の記載内容がゆがめられ、その結果相続人において国税の一部を免れることとなった場合、通常の期限期間内の更正により適正な課税を行なうことが困難となることは、相続人が被相続人の当該行為を知悉していたか否かにはかかわりないことであること、その場合、更正の期限期間を 5 年に延長されたからといって、相続人に対し、相続開始の時に既に成立している抽象的納税義務を適正に具体化するということ以上に何らの新しい義務を課すことになるわけでもないことを考えれば、被相続人に『偽りその他不正の行為』があったために相続人の提出する確定申告書の記載内容がゆがめられ、その結果相続人において国税の一部を免れることとなった場合には、相続人において被相続人にそのような行為のあったことを知らなかったとしても、右相続人に対する国税についての更正については、国税通則法第 70 条第 2 項第 4 号の適用があるものと解するのが相当である。」

　国税通則法 70 条 5 項の趣旨を、本件東京地裁判決のいうように「納税者が本来納付すべきであった正当税額の納付を求めるもの」と理解すれば、行政上の制裁としての意味合いは薄れることになろうから、特段「偽りその他不正の行為」が納税者の行為である必要はないということになりそうである。
　その判断に当たり、本件東京地裁は、国税通則法 70 条 5 項に「偽りその他不正の行為」の主体が「納税者」と記載されていないことをよりどころとしている。すなわち、国税通則法 68 条が不正行為の違法性に着目した制裁的な意義を有する規定であることから、「納税者が」という文言により行為者を

特定しているのに対して、同法70条5項には、「納税者」という文言が見当たらないというのである。

　その点、本件の控訴審東京高裁判決は、「偽りその他不正の行為」についての納税者の認識を有するという立場を明確に示している。

4………最高裁平成18年4月25日第三小法廷判決

　これに対し、上告審最高裁判決は、原審の判断は是認することができないとして、その理由を次のように論じる。

　「国税通則法70条は、国税の更正、決定等の期間制限（賦課権の除斥期間）を定めており、同条1項で、更正につき法定申告期限から3年という除斥期間を定めるなどしているが、同条5項において、『偽りその他不正の行為によりその全部若しくは一部の税額を免れ、若しくはその全部若しくは一部の税額の還付を受けた国税（当該国税に係る加算税及び過怠税を含む。）についての更正決定等』に関しては、その除斥期間を7年と定め、それ以外の場合よりも長い除斥期間を定めている。これは、偽りその他不正の行為によって国税の全部又は一部を免れた納税者がある場合にこれに対して適正な課税を行うことができるよう、より長期の除斥期間を定めたものである。

　本件不正行為は、虚偽の住所を記載し、必要経費欄に虚偽の数額を記載するなどして、長期譲渡所得金額、総所得金額及び納付すべき税額をいずれも0円とする確定申告書を作成、提出した上、提出先税務署の国税調査官に賄賂を供与して、架空経費等の計上により過少申告した事実を黙認させたというものであって、これが同項にいう『偽りその他不正の行為』に当たることはいうまでもない。

　また、同項の文理及び立法趣旨にかんがみれば、同項は、納税者本人が偽りその他不正の行為を行った場合に限られず、納税者から申告の委任を受けた者が偽りその他不正の行為を行い、これにより納税者が税額の全部又は一部を免れた場合にも適用されるものというべきである（最高裁平成14年（行ヒ）第103号同17年1月17日第二小法廷判決・民集59巻1号28頁参照）。したがって、M税理士が本件不正行為に及ぶことについ

　ここで参照されている最高裁平成17年1月17日第二小法廷判決は、M税理士事件のうちの一つであるが、そこでは次のように説示されている。

> 「国税通則法70条5項の文理及び立法趣旨にかんがみれば、同項は、納税者本人が偽りその他不正の行為を行った場合に限らず、納税者から申告の委任を受けた者が偽りその他不正の行為を行い、これにより納税者が税額の全部又は一部を免れた場合にも適用されるものというべきである。」

5………本節のまとめ

　国税通則法68条1項には「納税者」の文言が記載されており、同法70条5項には「納税者」の文言が記載されていない。条文の解釈に当たっては、このような文理上の差異に注目する必要がある。国税通則法70条5項は、なぜ「納税者」の偽りその他不正の行為とされていないのか。それは、国税通則法68条が行為の不正性を問うものであり、不正をした者への制裁的意味合いを有するのに対して、同法70条5項は、あくまでも税額を免れているか否かの事実を問うものにすぎないという趣旨の相違に理由があるからである。

　すなわち、一見同じような規定ぶりに見える条文であっても、まず文理解釈の観点から「納税者」の文言の有無という点に着目をし、なぜ一方の条文には「納税者」とあるのにもかかわらず他方の条文にはそれがないのかについて、立法趣旨にも着目をしてその差異の意味するところを探求する必要があるのである。

　なお、本件最高裁判決では、同法70条5項の適用がある旨が示された一方で、M税理士の不正行為をもって納税者である本人の行為と同視することはできない（行為の不正性はない）として同法68条1項の重加算税賦課決定処分については否定されている。

7. 目的論的解釈
―法人保険契約に係る返戻金の一時所得の計算

1………本節のポイント

―所得税法 34 条の「その収入を得るために支出した金額」

これまでみてきたとおり、租税法律主義のもとでは、解釈論において文理解釈が優先するということがわかった。そして、その結論の妥当性は立法趣旨との照合によって確認することが必要であった。

そこで、時には、文理解釈から導き出された判断が、法律の趣旨に明らかに反するような結論となっているなど、必ずしも妥当ではないという場合もあり得る。そのようなときには、法の趣旨に応じた目的論的解釈が展開されることになる。

ところで、所得税法 34 条《一時所得》2 項は、一時所得の金額の計算上控除できる金額を「その収入を得るために支出した金額」と規定しており、誰が負担したとか、誰が支出したということは規定していない。そのため、たとえば、会社が保険料を負担し、その会社の役員が満期保険金を受領するケースにおいて、会社が負担した保険料をその役員の満期保険金に係る一時所得の金額の計算上、控除することができるのか否か疑問が生じる。

また、所得税法施行令 183 条《生命保険契約等に基づく年金に係る雑所得の金額の計算上控除する保険料等》2 項 2 号も、「当該生命保険契約等に係る保険料……の総額」を控除することができると規定している。

これらの規定を文理解釈すれば、法人が支払った保険料はその一部が法人の経費とされるにもかかわらず、役員の一時所得の金額の計算上も控除できるという、いわば二重に控除ができると考えることができそうである。

そこで、この点が争われたいわゆる逆ハーフタックスプラン事件第一審福岡地裁平成 22 年 3 月 15 日判決（税資 260 号順号 11396）、控訴審福岡高裁平成

22年12月21日判決（税資260号順号11578）および上告審最高裁平成24年1月16日第一小法廷判決（集民239号555頁）[4] を素材にして、文理解釈の是非について検討することとする。

> 所得税法34条《一時所得》
> 　一時所得とは、利子所得、配当所得、不動産所得、事業所得、給与所得、退職所得、山林所得及び譲渡所得以外の所得のうち、営利を目的とする継続的行為から生じた所得以外の一時の所得で労務その他の役務又は資産の譲渡の対価としての性質を有しないものをいう。
> 2　一時所得の金額は、その年中の一時所得に係る総収入金額から<u>その収入を得るために支出した金額</u>（その収入を生じた行為をするため、又はその収入を生じた原因の発生に伴い直接要した金額に限る。）の合計額を控除し、その残額から一時所得の特別控除額を控除した金額とする。

> 所得税法施行令183条《生命保険契約等に基づく年金に係る雑所得の金額の計算上控除する保険料等》
> 2　生命保険契約等に基づく一時金……の支払を受ける居住者のその支払を受ける年分の当該一時金に係る一時所得の金額の計算については、次に定めるところによる。
> 二　<u>当該生命保険契約等に係る保険料又は掛金……の総額は、その年分の一時所得の金額の計算上、支出した金額に算入する。</u>

2………検討素材

—法人保険契約に係る返戻金の一時所得の計算（逆ハーフタックスプラン事件）

（1）　事案の概要

　X（原告・被控訴人・被上告人）は、自身の経営する医療法人が契約者となり保険料を支払った養老保険契約に基づいて満期保険金の支払を受けた。その後、Xは、その満期保険金の金額を一時所得に係る総収入金額に算入したう

4）判例評釈として、高野幸大・判時2178号146頁（2013）参照。

えで、当該法人の支払った上記保険料の全額が一時所得の金額の計算上控除し得る「その収入を得るために支出した金額」（所法34②）に当たるとして、所得税（平成17年分）の確定申告をした。これに対して、上記保険料のうちその2分の1に相当するXに対する役員報酬として損金経理がされた部分以外は上記「その収入を得るために支出した金額」に当たらないとして、所轄税務署長から更正処分および過少申告加算税賦課決定処分を受けたため、Xが、国Y（被告・控訴人・上告人）に対し、上記各処分（更正処分については申告額を超える部分）の取消しを求めた事案である。

> 💠 養老保険契約とは、被保険者が保険期間内に死亡した場合には死亡保険金が支払われ、保険期間満了まで生存していた場合には満期保険金が支払われる生命保険契約をいう。

(2) 争点

本件の争点は、Xの所得税に係る一時所得の計算において、Xを役員とする会社が支払った保険料を控除することは許されるか否かである。

本件において、Xは、文理解釈を尊重した解釈を主張したのである。

■図表1 Xの主張

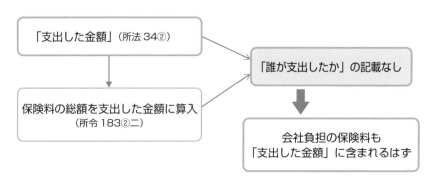

3………福岡地裁平成22年3月15日判決

Xの主張は文理解釈を優先すべきと考える通説的な解釈姿勢に合致しているように思われるが、裁判所はどのような判断を示したのであろうか。

第一審福岡地裁判決は、Xの主張を認める判断をした。すなわち、同地裁は、文理解釈を重視すべきであるとの立場から、次のように論じている。

> 「本件では、所得税法34条2項にいう『収入を得るために支出した金額』の解釈が問題となっているところ、憲法84条は、法律の根拠に基づかずに租税を課すことはできないという租税法律主義の原則を定めている。そして、この定めの趣旨は、国民生活の法的安定性と予測可能性を保障することにあることからすると、租税法規はできるだけ明確かつ一義的であることが望ましく、その解釈に当たっては、法令の文言が重視されるべきである。」

本件福岡地裁は、租税法律主義のもとで租税法の解釈を行うには、「法令の文言が重視されるべき」であるとして、まずは文理解釈が重要である旨を説示している。そのうえで、次のように論じている。

> 「法令及び通達の文言をみると、まず、所得税法34条2項は、一時所得の計算における控除の対象を『収入を得るために支出した金額（その収入を生じた行為をするため、又はその収入を生じた原因の発生に伴い直接要した金額に限る。）』と規定しているが、その文言を見ると、所得者本人が負担した部分ないし積立分に限られるのか、必ずしも明らかでない。」
> 「また、所得税法施行令183条2項2号本文は、生命保険契約等に基づく一時金が一時所得となる場合、保険料又は掛金の『総額』を控除できるものと定めているが、これも、その文言を見ると、所得者本人が負担した部分ないし積立分に限られるのか、必ずしも明らかでない。
> しかも、同号ただし書イないしニは、控除が認められない場合を、包括的・抽象的文言を用いることなく、法律と条文を特定して個別具体的に列挙しており、他に控除が認められない場合が存することをうかがわせる体裁とはなっていない。」

すなわち、文理解釈が重要であるとはいっても、規定の文言のみでは、「所得者本人が負担した部分ないし積立分」のみを控除することができるのかど

うかは、必ずしも明らかではないとしている。もっとも、文理解釈の限界に
突き当たったという認識ではなく、むしろ、控除が認められない場合が限定
されているところからすれば、「他に控除が認められない場合が存する」とは
いえないというのである。

　このように論じたうえで、本件福岡地裁は、法人負担部分であったとして
も、控除が認められないと解することができないと結論付けている。すなわ
ち、同地裁の判断は文理解釈から導出されたものであるといえよう。

> 「養老保険契約に基づく満期保険金が一時所得となる場合は、所得者以
> 外の者が負担した保険料及び危険分も控除できると解するのが相当である。
> 　よって、本件養老保険契約における法人負担分は、『収入を得るために支
> 出した金額』に当たるものである。」

4………福岡高裁平成 22 年 12 月 21 日判決

　控訴審福岡高裁判決も、この第一審判断を維持している。

5………最高裁平成 24 年 1 月 16 日第一小法廷判決

　これに対して、上告審最高裁判決は、原審判断を覆した。すなわち、本件
最高裁は、次のように論じて、法の趣旨を重んじる判断を展開した。

> 「所得税法は、23 条ないし 35 条において、所得をその源泉ないし性質
> によって 10 種類に分類し、それぞれについて所得金額の計算方法を定め
> ているところ、これらの計算方法は、個人の収入のうちその者の担税力を
> 増加させる利得に当たる部分を所得とする趣旨に出たものと解される。一
> 時所得についてその所得金額の計算方法を定めた同法 34 条 2 項もまた、
> 一時所得に係る収入を得た個人の担税力に応じた課税を図る趣旨のもので
> あり、同項が『その収入を得るために支出した金額』を一時所得の金額の

計算上控除するとしたのは、一時所得に係る収入のうちこのような支出額に相当する部分が上記個人の担税力を増加させるものではないことを考慮したものと解されるから、ここにいう『支出した金額』とは、一時所得に係る収入を得た個人が自ら負担して支出したものといえる金額に限られると解するのが上記の趣旨にかなうものである。」

このように本件最高裁は、所得税法が収入を得た個人の「担税力」に応じた課税を行うものであるという趣旨から、「支出した金額」とは、その当該納税者が支出した金額をいうと解するのが相当であるという判断を示したのである。

6………目的論的解釈としての縮小解釈

もっとも、本件最高裁は文理を無視したわけではないことに留意する必要がある。すなわち、同最高裁は、「〔所得税法34条2項の〕『その収入を得るために支出した金額』という文言も、収入を得る主体と支出をする主体が同一であることを前提としたものということができる。」と論じ、文理の面からもアプローチしている。

本件最高裁判決を少し丁寧にみると、所得税法34条2項にいう「『支出した金額』とは、一時所得に係る収入を得た個人が自ら負担して支出したものといえる金額に限られると解するのが上記の趣旨にかなう」として、「趣旨にかなう」と述べていることからすれば、趣旨に重きをおいた解釈すなわち目的論的解釈を採用したものであることがわかる。

本件最高裁は、目的論的解釈によって、所得税法34条2項にいう「支出した金額」を「一時所得に係る収入を得た個人が自ら負担して支出したものといえる金額」と解釈し直したのである。つまり、条文上は、単に「支出した金額」と規定されているところ、その文理にのみ縛られるのではなく所得税法の趣旨に鑑みて、「支出した金額」の範囲を狭く解釈して、「一時所得を得た個人が自ら負担して支出した金額」と解しているのである。これは縮小解釈

である。

■ 図表2

支出した金額 → 一時所得に係る収入を得た個人が自ら負担して支出したものといえる金額

7………本節のまとめ

　本件最高裁の判断からは、第一義的には文理解釈が優先されるべきとしても、その文理解釈によって得られる結論が、法の趣旨を没却してしまうようなものである場合には、法の趣旨に沿った解釈がなされるべきという考え方を見て取ることができる。ここで重要なのは、趣旨に沿った目的論的解釈を展開するとしても、それはあくまでも、法の「趣旨」から逸脱することが許されないということである。

■ 図表3

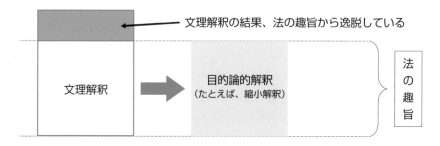

文理解釈の結果、法の趣旨から逸脱している

文理解釈 → 目的論的解釈（たとえば、縮小解釈）

法の趣旨

　ここで留意すべきは、目的論的解釈とは、前述したとおり法の趣旨や目的に応じた解釈を行うものであるから、法の趣旨を逸脱するような縮小解釈や拡張解釈が許されないのは当然のことである。

　この点につき、確定申告書に必要書類の添付がなく特例の適用を受けられなかったとしても、そのことは国税通則法23条《更正の請求》1項の更正の請求の事由に当たらないとした事例として、神戸地裁平成21年1月14日判

決（税資 259 号順号 11115）がある。同地裁は、次のように判示している。

> 「通則法 23 条 1 項が、一定の場合、一定の期間内に更正の請求をすることを認めた趣旨は、納税者が確定申告の内容の誤りを是正する必要があると認識した場合には是正の機会を設けるのが相当であるが、あらゆる場合にこれを認めることは、確定申告によって具体的な納税義務を負担するという申告納税方式の性質に照らし租税法律関係を過度に不安定ならしめる危険があることから、一定の期間内に限り一定の手続によってのみ是正しうるものとした点にあると解される。かかる趣旨からすると……その申告内容自体が税法の規定に従っていないとはいえず、税額に違算があるともいえないのに、後日その特例の適用を受けるための更正の請求をすることを認めることは、同項 1 号の文言をその趣旨を超えて拡張解釈するものといわざるを得ず、許されないものというべきである。」

このように趣旨を超えた拡張解釈（あるいは縮小解釈）は目的論的解釈とはいえず許されない。

なお、本件最高裁判決後、所得税基本通達が改正され、以下のように取扱いが明確化された。

> 所得税基本通達 34 - 4《生命保険契約等に基づく一時金又は損害保険契約等に基づく満期返戻金等に係る所得金額の計算上控除する保険料等》
> 令第 183 条第 2 項第 2 号又は第 184 条第 2 項第 2 号に規定する保険料又は掛金の総額……には、以下の保険料又は掛金の額が含まれる。
> (1) ……
> (2) 当該支払を受ける者以外の者が支出した保険料又は掛金であって、当該支払を受ける者が自ら負担して支出したものと認められるもの

8. 類推解釈──サンヨウメリヤス株式会社事件

1………本節のポイント

──旧所得税法9条1項3号の不動産所得該当性

　7. において、条文の解釈に当たり常に文理解釈のみがなされるわけではなく、文理解釈による結論が法の趣旨を没却してしまうような場合には、法の趣旨に沿った目的論的解釈が採用され得ることを確認した。そこで、次に目的論的解釈による事例を確認しよう。まずは「類推解釈」をみてみたい。

　類推解釈とは、似通った事柄のうち、一方についてだけ規定があって、他方については明文の規定がない場合に、その規定と同じ趣旨の規定が他方にもあるものと考えて解釈することをいう。

　ここでは、個人が受け取った借地権の設定対価としての権利金の所得税法上の所得区分が争われたいわゆるサンヨウメリヤス株式会社事件第一審東京地裁昭和39年5月28日判決（民集24巻11号1628頁）[5]、控訴審東京高裁昭和41年3月15日判決（民集24巻11号1638頁）[6]、上告審最高裁昭和45年10月23日第二小法廷判決（民集24巻11号1617頁）[7] および差戻控訴審東京高裁昭和46年12月21日判決（訟月18巻4号607頁）を素材に、この「類推解釈」の許される場面および適用範囲を考えてみたい。

---

5) 判例評釈として、金子宏・判評75号18頁（1964）、須貝脩一・シュト30号1頁（1964）など参照。
6) 判例評釈として、竹下重人・シュト59号7頁（1967）、須貝脩一・税法200号3頁（1967）、高島良一・租税判例百選80頁（1968）など参照。
7) 判例評釈として、新井隆一・ジュリ482号36頁（1971）、村井正・租税判例百選〔第2版〕62頁（1983）、松澤智・ひろば24巻6号47頁（1971）、清永敬次・民商65巻3号83頁（1971）、高野幸大・租税判例百選〔第5版〕66頁（2011）など参照。

2………検討素材

—借地権の設定対価としての権利金が旧所得税法9条1項3号の不動産所得に当たるか
　否かが争われた事例（サンヨウメリヤス株式会社事件）

（1）　事案の概要

　X（原告・被控訴人（控訴人）・被上告人）は、昭和33年、訴外株式会社Sを
設立しその代表取締役となり、S社に対し、同社工場の敷地として、X所有
の都内宅地50坪を普通建物の所有を目的とし、期間20年、地代1坪当たり
1か月20円で賃貸し、借地権設定の対価（いわゆる権利金）として1坪当たり
2万円の割合による合計100万円をS社より受領していたが、当時その土地
の更地価格は1坪当たり約3万円であった。

　Xは、この100万円は借地権設定の対価として取得したものであるから、
譲渡所得に当たるものとして、昭和34年12月、税務署長Y（被告・控訴人（被
控訴人）・上告人）に対し借地権設定に係る昭和33年分譲渡所得金額の修正申
告書を提出したところ、Yはこれを不動産所得金額100万円として更正を
行った。Xは再調査請求（異議申立て）の後、当該処分の決定通知を受けたた
め、これを不服として提訴した。

（2）　争点

　本件の争点は、XがS社からいわゆる権利金として受領した100万円が旧
所得税法（昭和34年改正前の所得税法。以下、旧所得税法という場合は、同改正
前のものをいう）9条1項3号の不動産所得に当たるか否かである。

🌸　なお、当時、不動産所得とは、「不動産、不動産の上に存する権利又は船舶の貸付（地
上権又は永小作権の設定その他他人をして不動産、不動産の上に存する権利又は船舶を使
用せしめる一切の場合を含む。）に因る所得から事業所得を除いたもの」（旧所法9①三）
をいい、譲渡所得とは、「資産の譲渡に因る所得から山林所得及び営利を目的とする継続的
行為に因り生じた所得を除いたものをいう」とされていた（旧所法9①八）。

（3）　Xの主張 —目的論的解釈（類推解釈）を主張

　不動産所得は、地代等一定の源泉から反覆回帰的に流出する収入を予定す

るものであって、財産元本の対価たる収入を予想するものではない。借地権設定の対価としての収入は、その土地から反覆回帰的に流出する収入ではなく、土地の永続的利用権の譲渡代金であるため、借地権設定の対価たる権利金は譲渡所得に該当する。なお、昭和34年の改正所得税法は、本件係争のような収入が譲渡所得であることを明白に規定したものである。

🌸　本件権利金が生じた昭和33年においては、現行所得税法33条のような権利金に対する譲渡所得課税の規定は存在していなかった。現行規定の前身となる規定は、本件権利金発生の翌年昭和34年に施行されたが、Xはこの規定を確認的規定と捉えているといえよう。一方で、それに反論するYの立場からすると、当該規定は確認的規定ではなく、創設的規定と捉えることになると思われる。

🌸　創設的規定とは、既存の法律にない新しい法律関係を創設する規定である。

🌸　確認的規定とは、既存の法律において設定されている法律関係について、確認的になされた規定である。

　また、昭和34年の改正所得税法の施行前においても、賃借人が借地権を譲渡した場合には、譲渡所得として課税されており、これを借地権設定の対価（権利金）が授受された場合と対比すれば、両者は、経済的・実質的に全く同一であるから、一方を譲渡所得、他方を不動産所得として著しい税額の差異の生ずることを容認することは、負担の公平の原則に反するものである。

（4）　Yの主張 —文理解釈を主張

　昭和34年の改正所得税法の譲渡所得課税の規定は創設的規定であって、同法施行前において、いわゆる権利金を譲渡所得として扱う余地はなかったのであるから、かかる規定の存しなかった昭和33年度においては、権利金の取得は不動産所得であって、譲渡所得とすることはできない。

3⋯⋯⋯東京地裁昭和39年5月28日判決

　第一審東京地裁判決は次のように判示し、権利金の譲渡所得該当性を肯定した。

> 「立法の経過から判断すると、所得税法が所得類型としての不動産所得
> の対象として予想していたところのものは、……継続的、営利的性質の所
> 得であ〔る。〕」
>
> 「戦後、とりわけ近時において、土地賃貸借における権利金授受の慣行
> は広く一般化するとともに、その額も著るしく高額となり……近時の権利
> 金なるものの実態は、所得税法が不動産所得の対象として予想する地代、
> 家賃（もしくはその前払）のような継続的、営利的性質の所得とは、その
> 実質を異にするものであることは明らかである。従ってかような権利金が
> いずれの所得類型に当たるかの判断は、……<u>文理解釈を唯一の手掛りとし
> てこれを判定すべきものではなく</u>、……各種所得類型のうち、いずれの類
> 型にもっとも近い性質をもつものであるかという見地からこれを判断すべ
> きものである。」

　そして、本件東京地裁は、次のように説示し、借地権の設定対価が譲渡所
得に当たるとする X の類推解釈の主張を採用した。

> 「近時の権利金は、経済的、実質的観点においては、所有権の権能の一部
> （利用権）の譲渡……の対価としての性質をもつものと認められ、そのかぎ
> りにおいて、所得税法第 9 条第 1 項第 8 号の『資産の譲渡に因る所
> 得』にもっとも近い性質をもつものと認めざるをえず、……権利金を譲渡
> 所得の類型に抱摂〔ママ〕せしめることが、法の精神にも合致し、課税の
> 公正の要請にもそうものといわねばならない。従って、土地所有権更地価
> 格の 3 分の 2 にも当たる本件の権利金は、<u>譲渡所得に当たるものと類推
> 解釈する</u>のが相当である。」

　このように第一審では、文理解釈によれば権利金が不動産所得に該当する
ことを認めたものの、本来所得税法は「経済的実質に着目し、それぞれの経
済的実質に応ずる担税力を考慮して課税所得額を算定せしめる趣旨において
所得の種類を分類したものと解すべきであるから、<u>或る所得がいずれの類型
に該当するかを判断するに当たっては、純法律的、形式的観点よりも、むし</u>

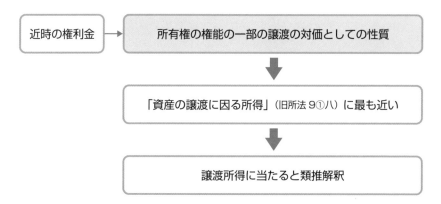

ろ、経済的実質的観点が重視さるべきものであり、従って経済的実質が類似するとの認識を根拠として類推解釈を行うことが許されないと解すべき根本的な理由はないものといわねばならない。」と説示し、本件権利金の譲渡所得該当性を肯定する旨の判断をしたのである。

4………控訴審東京高裁昭和 41 年 3 月 15 日判決

次に、控訴審東京高裁判決は、権利金の性格を、①営業権譲渡の対価またはのれん代に当たるもの、②地代・家賃の一部前払いに当たるもの、③賃借権そのものの対価として支払われるものの三つに大別できるとしたうえで、現実には、②のものか③のものか判別しがたい、要するに権利金といっても一概にそれが地代ないし賃料の前払いであるとか、賃借権そのものの対価であるとか割り切って考えることはできないといわなければならないとし、本件権利金についても「第三の類型に属するものとの可能性が強いとは云え、当裁判所は、なお、これを断定することはできないというほかはない。」と判示し、第一審同様、本件権利金が譲渡所得に該当するとした。

5………最高裁昭和 45 年 10 月 23 日第二小法廷判決

　これに対し、上告審最高裁判決は、類推解釈の適用の余地を次のように認めている。

> 　「いわゆる権利金には、原判決説示のように種々の性質のものが存するけれども、明らかに営業権譲渡の対価であるようなものは格別、通常、それは賃貸人が賃借人に対して一定の期間不動産を使用収益させる対価の一部として支払いを受ける一時の所得であるから、……法条をその文言に従って法律的、形式的に解釈するかぎり、通常、賃借権設定の際に賃貸人に支払われる権利金は、不動産所得に当たるものと解するほかはない。」
> 　「借地権の設定にあたって授受される権利金のうちには経済的、実質的に見れば所有権の権能の一部を譲渡する対価としての性質をもつものが存したであろうことは否定できないところであり、右のような権利金については、これを一律に不動産所得に当たるものとして課税すべきではなく、場合によってはその経済的実質に着目して譲渡所得に当たるものとして課税を行なうことも、公平な課税の実現のために必要であるといわなければならない。」

　しかしながら、本件最高裁は、その類推解釈の適用については次のように慎重な態度を示している。

> 「〔譲渡所得の特例は〕普通の所得に対して資産の譲渡による所得を特に優遇するものであるから、その適用範囲を解釈によってみだりに拡大することは許されないところであり、右のような類推解釈は、明らかに資産の譲渡の対価としての経済的実質を有するものと認められる権利金についてのみ許されると解すべきであって、必ずしもそのような経済的実質を有するとはいいきれない、性質のあいまいな権利金については、法律の用語の自然な解釈に従い、不動産所得として課税すべきものと解するのが相当である。」

　このように本件最高裁は、租税法規の解釈手法として類推解釈を適用する余地があることを認めながらも、その手法の適用については慎重な態度をみせている。すなわち、「明らかに資産の譲渡の対価としての経済的実質を有するものと認められる権利金についてのみ許されると解すべき」とし、性質のあいまいな権利金については、なお、原則的な解釈手法に戻って、文理どおりに解釈をすべきと論じているのである。

■ 図表3　本件最高裁判決の考え方

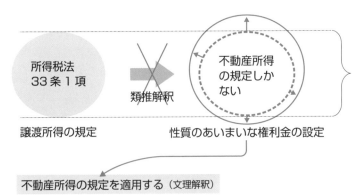

所得税法
33条1項

類推解釈

不動産所得
の規定しか
ない

譲渡所得の規定　　　　　　性質のあいまいな権利金の設定

不動産所得の規定を適用する（文理解釈）

　なお、本件最高裁は、「そうすると、……受領した権利金につき、その性質を確定することなく、これを譲渡所得と解した原判決には、法律の解釈を誤り、その結果審理を尽くさなかった違法があるものといわなければならず、

……これを原審に差し戻すべきものとする。」として原判決を破棄し、東京高裁に差し戻した。

6………差戻控訴審東京高裁昭和 46 年 12 月 21 日判決

本件最高裁判決を受け、差戻控訴審東京高裁判決は、X と訴外 S 社の親密な関係性に触れ、「X が本件借地権の設定により本件土地の使用収益権を半永久的に手離す結果となったような事情を認めるに足りる証拠はない。」とし、著しく低い地代をふまえるに「本件権利金の中に地代前払の趣旨が包含されていると考え得る余地が十分に存する」以上、明らかに資産の譲渡の対価としての経済的実質を有するものと認められる権利金とはいえない性質のあいまいな本件権利金については、法律の用語の自然な解釈に従い、不動産所得として課税すべきものと解するのが相当であると判示した。

7………本節のまとめ

横浜地裁平成 13 年 9 月 19 日判決（裁判所 HP）は、「たとえ納税者に有利な方向の解釈であっても、解釈の幅を広げることにより、課税庁の恣意的な解釈を許すことになるし、本来課税されるべき場合において課税されない者が出現してしまうことにより、税負担の公平性が損なわれてしまうので、このような解釈をとることはできない。したがって、ある課税法規に不満を覚えたとしても、それが著しく不合理で違法性を帯びるというものでない限り、その内容の当否は立法措置により解決されるべき問題であって、拡大解釈又は類推解釈の名の下に解決すべきではない。」とする。このような考え方は多くの裁判例からも見て取れる。

前述のとおり、本件最高裁判決は、租税法規の解釈手法として類推解釈を適用する余地を認めながらも、性質のあいまいなものには類推解釈を適用すべきではないとしており、その手法の適用については慎重な態度をみせているという点を改めて確認しておく必要があろう。

9. 縮小解釈—ゴルフ会員権の「資産」性

1………本節のポイント

—国税通則法 23 条 2 項の「判決」・所得税法 33 条 1 項の「資産」

　次に、「縮小解釈」によってなされた目的論的解釈の事例についてみてみよう。縮小解釈とは、法令の規定の文言、用語をそれが普通意味するところよりも狭く解釈することをいう（なお、**7.** で取り上げたいわゆる逆ハーフタックスプラン事件最高裁判決の解釈手法も目的論的解釈のうちの「縮小解釈」であったことは前述のとおり）。

　ここでは、ゴルフ会員権の「資産」性が争われた事例を素材にして、縮小解釈をみておこう。譲渡されたゴルフ会員権の実質は、ゴルフ場の優先的施設利用権が消滅した後の預託金返還請求権と認められ、所得税法 33 条《譲渡所得》1 項の譲渡所得の基因となる「資産」には該当しないとして、その譲渡損失の損益通算を否定した事例として、国税不服審判所平成 13 年 5 月 24 日裁決（裁決事例集 61 号 246 頁）がある。

> 所得税法 33 条《譲渡所得》
> 　譲渡所得とは、資産の譲渡（建物又は構築物の所有を目的とする地上権又は賃借権の設定その他契約により他人に土地を長期間使用させる行為で政令で定めるものを含む。以下この条において同じ。）による所得をいう。
> 2　次に掲げる所得は、譲渡所得に含まれないものとする。
> 　一　たな卸資産（これに準ずる資産として政令で定めるものを含む。）の譲渡その他営利を目的として継続的に行なわれる資産の譲渡による所得
> 　二　前号に該当するもののほか、山林の伐採又は譲渡による所得

2………検討素材

—譲渡されたゴルフ会員権が所得税法 33 条 1 項の「資産」に該当するか否かが争われた
　事例

（1）　事案の概要

　審査請求人 X は、平成 9 年分の所得税の確定申告において、ゴルフ会員権
の譲渡によって生じた損失の金額 1,795 万円（以下「本件譲渡損失の金額」とい
う）を、譲渡所得の金額の計算上、損失の金額として所得税法 69 条《損益通
算》1 項の規定を適用し、他の所得の金額（給与所得の金額 1,072 万 5,359 円）と
損益通算して申告した。これに対し、原処分庁 Y は、譲渡したゴルフ会員権
は、所得税法 33 条 1 項に規定する譲渡所得の基因となる「資産」には該当せ
ず、本件譲渡損失の金額は、給与所得の金額と損益通算はできないとして、
更正処分および過少申告加算税の賦課決定処分をした。X は、本件更正処分
等を不服として、異議決定を経た後、さらに原処分に不服があるとして審査
請求をした。

（2）　争点

　本件の争点は、破たんしたゴルフ場のゴルフ会員権の譲渡に係る損失を譲
渡所得の赤字として、他の所得と損益通算することができるか否かである。

3………国税不服審判所平成 13 年 5 月 24 日裁決

　「所得税法第 33 条第 1 項に、譲渡所得とは、資産の譲渡による所得をい
う旨規定されており、この譲渡所得に対する課税は、資産それ自体の値上
がりによりその資産の所有者に帰属する資産の価値の増加益を所得として、
その資産が所有者の支配を離れて他に移転するのを機会に、これを清算し
て課税しようとする趣旨と解される。
　この趣旨からすれば、所得税法第 33 条第 1 項に規定する資産とは、<u>譲
渡所得の基因となる資産すなわち同条第 2 項各号に規定する資産及び金</u>

　このように国税不服審判所は、譲渡所得の意義を論じ、譲渡所得課税とは、
資産の増加益（キャピタル・ゲイン）に対する課税であるとする（このような譲
渡所得の考え方を「清算課税説」または「増加益清算課税説」という）。そして、
そのことから貸付金のような金銭債権が譲渡所得の基因となる資産には含ま
れないと論じるのである。なるほど、貸付金から発生するのは利息であって、
資産自体の増加益は発生しないと考えれば、金銭債権は譲渡所得の基因とな
る資産とはいえない。

■ 図表 1

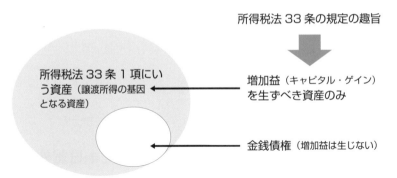

　そのうえで、国税不服審判所は、預託金会員制のゴルフ会員権について検
討を加えている。

期間経過後退会時の預託金返還請求権及び〔3〕年会費納入等の義務から
なる契約上の地位を総称しているものと解され、そして、当該ゴルフ会員
権の譲渡が所得税法第33条第1項に規定する資産の譲渡として取り扱わ
れているのは、売買等により金銭債権たる預託金返還請求権と年会費納入
等の義務と併せてゴルフ場施設優先利用権とが一体不可分となって他の者
に移転されることによるものと解されている。」

■ 図表2　ゴルフ会員権の実質

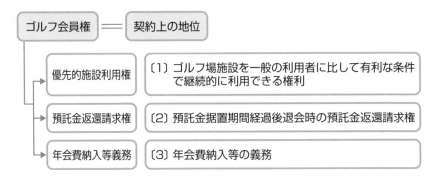

続けて、国税不服審判所は次のように論じる。

「そうすると、預託金会員制のゴルフ会員権は、本来、ゴルフ場施設優先
利用権と預託金返還請求権とが内在しているものであるところ、ゴルフ場
を所有又は経営をする会社（以下『ゴルフ場経営会社』という。）の倒産な
どにより、閉鎖された当該ゴルフ場（以下『閉鎖ゴルフ場』という。）の場
合には、当該ゴルフ場施設を利用することは不可能となりゴルフ場施設優
先利用権は消滅することとなるから、閉鎖ゴルフ場のゴルフ会員権の実質
は、ゴルフ場経営会社に対する預託金返還請求権のみであり、金銭債権に
すぎないことになる。」

すでに倒産したゴルフ場の場合には、優先的施設利用権も年会費納入義務も
なくなっているため、残されたものは、「預託金返還請求権」のみであるという。

■図表3　倒産した場合のゴルフ会員権

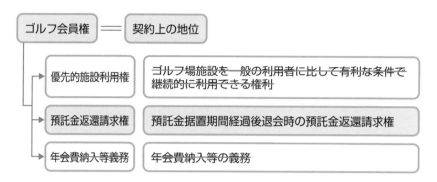

そして、国税不服審判所は次のように認定する。

　「X が譲渡した本件会員権は、本件会員権に内包されている施設利用権が消滅した後の預託金返還請求権を譲渡したにすぎず、本件会員権のゴルフ場施設優先利用権は消滅していたものと認めるのが相当であり、譲渡所得の基因となる資産の譲渡であるゴルフ会員権と認定することはできない〔。〕」

■図表4

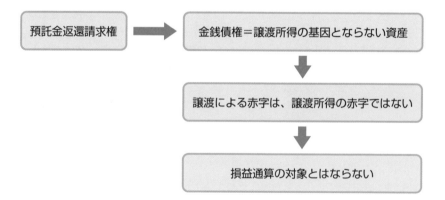

結論として、国税不服審判所は、以下のように断じたのである。

> 「Xが主張する本件譲渡損失の金額は、譲渡所得の金額の計算上生じた損失には該当せず、また、所得税法第26条《不動産所得》、同法第27条《事業所得》及び同法第32条《山林所得》の規定に照らし、不動産所得、事業所得及び山林所得の各金額の計算上生じた損失にも該当しないから、同法第69条第1項の規定を適用して他の各種所得の金額と損益通算することはできない。」

国税不服審判所は、所得税法33条1項にいう「資産」の概念につき、譲渡所得課税の趣旨から「縮小解釈」により、金銭債権（この場合は、ゴルフ会員権に係る預託金返還請求権）が含まれないとしたのである。

■ 図表 5

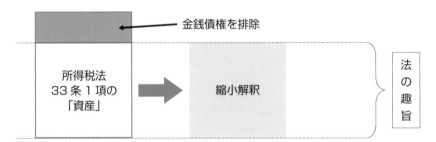

その後、令和4年度税制改正によって、所得税法施行令178条が改正となり、ゴルフ会員権自体が「生活に通常必要でない資産」の範囲に含まれることとなったため、ゴルフ会員権の譲渡に係る損失については、破綻したゴルフ場のゴルフ会員権のみならず、通常のゴルフ会員権についても損益通算の制限を受けることとなった（所法62、69）。

最近では、暗号資産（仮想通貨）の譲渡に係る譲渡損についての所得税法上の取扱いに関心が集まっているが、国税庁は、本件ゴルフ会員権事件と同様、（増加益）清算課税説の立場から捉えており、暗号資産（仮想通貨）そのものは資金決済に関する法律にいうそれと同様、資金決済手段であるからキャピタル・ゲインを生じさせる資産ではないものと捉えたうえで、事業所得に該当するような棚卸資産としての暗号資産（仮想通貨）を除き、雑所得に該当すると解しているようである（令和4年12月22日付け課税総括課情報第10号ほか「暗号資産に関する税務上の取扱いについて（情報）」2－2《暗号資産取引の所得区分》）。

4………本節のまとめ

　本節では、所得税法33条1項にいう「資産」の意義が争われた事例を通して、「縮小解釈」について確認をした。

　文理解釈を第一義的な解釈手法としながらも、その結論が、明らかに法の趣旨を逸脱するようなものとなり得る場合に、セカンドテストとして法の趣旨に応じた目的論的解釈が展開されることがある。しかし、それはあくまでも、法の趣旨に解釈を合致させるための軌道修正的な意味を有するものであり、その適用においては慎重さが要請されるのはいうまでもない。目的論的解釈は文理解釈の尽きたところでの解釈手法であるという点を再確認しておく必要があろう。

　なお、所得税基本通達33－1《譲渡所得の基因となる資産の範囲》は、次のように「金銭債権以外の一切の資産」が所得税法33条にいう譲渡所得の基因となる資産として通達しており、金銭債権を除外している。

> 所得税基本通達33－1《譲渡所得の基因となる資産の範囲》
> 　譲渡所得の基因となる資産とは、法第33条第2項各号に規定する資産及び金銭債権以外の一切の資産をいい、当該資産には、借家権又は行政官庁の許可、認可、割当て等により発生した事実上の権利も含まれる。

レベルアップ………東京高裁平成10年7月15日判決

　同じように縮小解釈が展開されたケースとして、更正の請求における後発的事由としての「判決」の意義が論点とされた事例がある。

　国税通則法23条《更正の請求》1項は、申告書に記載した課税標準や税額等の計算が国税に関する法律の規定に従っていなかったことまたは当該計算に誤りがあったことにより、納付すべき税額が過大であるときは、5年（法人税の純損失に関しては10年）間、更正の請求をすることができる旨規定している。

　しかし、国税通則法23条2項1号は、「その申告、更正又は決定に係る課

税標準等又は税額等の計算の基礎となった事実に関する訴えについての判決（判決と同一の効力を有する和解その他の行為を含む。）により、その事実が当該計算の基礎としたところと異なることが確定したとき」には、納税者は、同条1項の規定（5年以内の更正の請求）にかかわらず、その確定した日の翌日から起算して2か月以内に更正の請求ができる旨規定している。

> **国税通則法23条《更正の請求》**
> 　納税申告書を提出した者は、次の各号のいずれかに該当する場合には、当該申告書に係る国税の法定申告期限から5年……以内に限り、税務署長に対し、その申告に係る課税標準等又は税額等……につき更正をすべき旨の請求をすることができる。
> 　一～三　（略）
> 2　納税申告書を提出した者又は第25条《決定》の規定による決定（以下この項において「決定」という。）を受けた者は、次の各号のいずれかに該当する場合（納税申告書を提出した者については、当該各号に定める期間の満了する日が前項に規定する期間の満了する日後に到来する場合に限る。）には、同項の規定にかかわらず、当該各号に定める期間において、その該当することを理由として同項の規定による更正の請求（以下「更正の請求」という。）をすることができる。
> 　一　その申告、更正又は決定に係る課税標準等又は税額等の計算の基礎となった事実に関する訴えについての判決（判決と同一の効力を有する和解その他の行為を含む。）により、その事実が当該計算の基礎としたところと異なることが確定したとき　その確定した日の翌日から起算して2月以内

　そこで、文理解釈が優先するのであれば、国税通則法23条2項1号に規定する「判決」には、どのような判決であっても含まれることになりそうである。「判決」という字句に特に文理上制限を加えるような規定がないからである。しかし、そうはいっても、納税を免れる目的で取引当事者が裁判を起こし、確定申告した内容に関わる事実を塗り替えたようなことがあった場合（たとえば、売上金として計算していたものを後に訴訟を起こして錯誤無効とするような主張をし、購入者側が通謀して裁判でわざと敗訴するというような場合）、すなわち、いわゆる「馴れ合い判決」があった場合に、これも同条項にいう

「判決」に含まれるのであろうか。

　実際にこれが争点となった事例がある。

　たとえば、東京高裁平成 10 年 7 月 15 日判決（訟月 45 巻 4 号 774 頁）は、まず、次のように国税通則法 23 条 2 項 1 号の趣旨を論じる。

> 　「右規定〔筆者注：国税通則法 23 条 2 項 1 号〕は、納税者において、申告時には予測し得なかった事態が後発的に生じたため課税標準等又は税額等の計算の基礎に変更をきたし、税額の減額をすべき場合に、法定申告期限から 1 年を経過していることを理由に更正の請求を認めないとすると、帰責事由のない納税者に酷な結果となることから、例外的に更正の請求を認めて納税者の保護を拡充しようとしたものであ〔る。〕」

　　なお、同事件の当時は原則的な更正の請求期間は 1 年とされていた（現行法では前述のとおり 5 年）。

　そのうえで、同高裁は、次のように判示している。

> 　「右の趣旨からすれば、申告後に課税標準等又は税額等の計算の基礎となる事実について判決がされた場合であっても、当該判決が、当事者が専ら納税を免れる目的で、馴れ合いによってこれを得たなど、その確定判決として有する効力にかかわらず、その実質において客観的、合理的根拠を欠くものであるときは、同条 2 項 1 号にいう『判決』には当たらないと解するのが相当である。」

　このように、同事件において、東京高裁は、更正の請求における後発的事由たる「判決」については、国税通則法 23 条 2 項 1 号には何らの明文の規定はないにもかかわらず、いわゆる馴れ合い判決を排除するという縮小解釈を展開しているのである。

■図表6　本件東京高裁判決の考え方

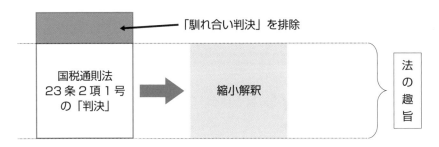

10. 限定解釈と縮小解釈
―外国税額控除余裕枠事件

1········本節のポイント

―政策的規定における限定解釈

　いわゆる外国税額控除余裕枠事件の一つであるりそな銀行事件大阪地裁平成 13 年 12 月 14 日判決（民集 59 巻 10 号 2993 頁）、控訴審大阪高裁平成 15 年 5 月 14 日判決（民集 59 巻 10 号 3165 頁）[8] および上告審最高裁平成 17 年 12 月 19 日第二小法廷判決（民集 59 巻 10 号 2964 頁）[9] では、被告国側が米国グレゴリー事件判決において採用されたとされる限定解釈を主張している。

　この限定解釈なるものは縮小解釈の一部であると思われるが、この点を簡単にみておくこととしよう。

2········大阪地裁平成 13 年 12 月 14 日判決の判旨

　本件において税務署長 Y（被告・控訴人・被上告人）は、法人税法 69 条《外国税額の控除》1 項の「納付することとなる場合」の意義を限定的に解釈し、本件各取引における X（原告・被控訴人・上告人）の外国源泉税の納付がこれに当たらないと主張した。そこで、第一審大阪地裁判決は、条文上の文言を限定的に解釈することの可能性を次のように検討した。

　まず、同地裁は、法人税法 69 条 1 項の「納付することとなる場合」の意義

---

8) 判例評釈として、占部裕典・金法 1730 号 32 頁、同 1731 号 36 頁（2005）、近藤雅人・法人税精選重要判例詳解〔税通臨増〕246 頁（2004）など参照。

9) 判例評釈として、杉原則彦・平成 17 年度最高裁判所判例解説〔民事篇〕〔下〕990 頁（2008）、吉村政穂・判評 572 号 184 頁（2006）、本庄資・ジュリ 1336 号 141 頁（2007）、谷口勢津夫・民商 135 巻 6 号 163 頁（2007）、岡村忠生・租税判例百選〔第 7 版〕40 頁（2021）、酒井克彦・会社法務 A2Z99 号 58 頁（2015）など参照。

について次のように論じる。

　「『納付することとなる場合』と一義的な規定をしており、『納付』自体は、
租税債務の弁済であり、『納付』は我が国租税法上の固有概念であるところ、
我が国の租税法上は、第三者の納付も許容されており（国税通則法41条）、
その文言自体から、例えば、真実経済的に外国法人税を負担する者による
納付に限定することはできず、解釈の幅は極めて狭いといえる。」

　そして、次に、外国税額控除の制度趣旨の点から、次のように述べ、法人
税法69条1項が政策的規定であることを明らかにしている。

　「外国税額控除制度は、結局のところ、同一の所得に対する国際二重課税
を排斥し、かつ、資本輸出中立性を担保しようとする極めて合理的な政策
目的に基づく制度である。」

　そのうえで、本件大阪地裁は、昭和63年の抜本的な税制改正時に立法者に
よって、外国税額控除枠のいわゆる彼此流用の問題が認識されていたことを
示し、かかる彼此流用の結果、国際的二重課税の排除という制度趣旨を超え
て内国法人に税額控除の利益を与えることもあり、控除枠を創出するために、
軽課税国ないし非課税国へ投資するという傾向が強まるという資本移動の歪
みが生ずることも認識されていたと指摘する。しかし、昭和63年12月の税
制改正は、これを一般的に禁止することをせず、控除限度額の枠の管理を強
化したり、高率部分を控除対象外国法人税に含めないという対応をすること
を明らかにし、彼此流用については、その限度で許容するという割り切った
立法政策を採ったとする。

　彼此流用とは、ある所得に対する外国税額控除の超過額が、別の所得に係る外国税額
控除の余裕枠に対して利用されることをいう。

　このような理解から、内国法人が控除限度枠をみずからの事業活動上の能
力、資源として利用することを一般的に禁ずることはできないといわなけれ

ばならないといったんは説示する。しかしながら、本件大阪地裁は、本件各取引の問題は、そこで禁ずることのできない同一法人内の彼此流用の問題ではなく、当事者の経済的な真意として、外国法人に控除枠を利用させて、その対価を得る取引が問題となっているのであるから、一般的に禁ずることはできないという考え方とは別の考察が必要であるという。

そして、同地裁は、法人税法 69 条 1 項は政策的規定であるとして次のように述べる。

> 「その根底には、あくまでも内国法人の海外における事業活動を阻害しないという政策があるのであるから、およそ正当な事業目的がなく、税額控除の利用のみを目的とするような取引により外国法人税を納付することとなるような場合には、納付自体が真正なものであったとしても、法 69 条が適用されないとの解釈が許容される余地がある。」

そのうえで、本件大阪地裁は、法人税法 69 条 1 項の「納付することとなる場合」に該当しないとする具体的な判断基準について検討を加えている。

なお、この点について、Y は、この「納付することとなる場合」とは、内国法人が正当な事業目的を有する通常の経済活動に伴う国際取引から必然的に外国税を納付することとなる場合をいうと主張した。すなわち、当該取引が正当な事業目的を有し、当該取引から生じる外国税の納付が法人税法 69 条 1 項の「納付することとなる場合」に該当するか否かについては、❶取引開始前に検討されるべき事項として、①事業の目的および取引に至る経緯、②取引の種類、③契約内容の妥当性、④予定される決済の妥当性、⑤期待利益の妥当性、⑥利益の帰属、⑦既存取引参画の合理性を、❷取引開始後に検討されるべき事項として、⑧取引内容の妥当性、⑨資金の流れ、⑩リベート等収入の有無を総合的に検討のうえ、判断されなければならないなどと主張した。しかしながら、Y の主張する上記判断基準は、次のような理由で採用されていない。すなわち、本件大阪地裁は、次のように判示し、Y の主張を排斥した。

「Ｙの主張する判断基準は、アメリカ合衆国におけるグレゴリー事件の判決において示された、当時の歳入法の組織変更規定の趣旨・目的（立法意図）から事業目的の基準を導き出し、当該取引は、形の上では組織変更の定義に該当するとしても、租税回避のみを目的とするもので、事業目的を持っていないことを理由に、それは立法者の予定している組織変更には当らず、したがって、非課税規定の適用を受け得ない、と解することによって、租税回避行為の否認を認めたのと同じ結果に到達した解釈技術、すなわち、非課税規定の立法目的に照らして、その適用範囲を限定的にあるいは厳格に解釈し、その立法目的と無縁な租税回避のみを目的とする行為をその適用範囲から除外するという解釈技術を本件事案に導入したものと考えられる。しかしながら、前述のとおり、法69条1項の『納付することとなる場合』という文言は、その『納付』という概念自体及び我が国租税法上第三者の納付も許容されていることにかんがみ、限定解釈する余地が極めて狭い上、上記グレゴリー事件判決において確立されたといわれる『事業目的の原理』と同趣旨の概念である『正当な事業目的』を用いて『納付』の意味・内容を限定することには無理があり、困難であるといわざるを得ない。しかも、『正当な事業目的』か否かを判断するために総合考慮されるべき要素の大半は『妥当性』という判断と結びつけられていて、結局、Ｙのいう『正当な事業目的』か否かは、事業を全体としてみて妥当なものか否かという判断に帰着することとなるのは明らかであって、かかる判断自体客観性に問題があり、国民の経済活動の予測可能性を害する危険をはらんでいると評価せざるを得ない。のみならず、正当な事業目的を認定するには、事業目的の多様性、私的自治の原則、経済的合理人として租税の軽減を図ることは一般的に許容されていること、営利法人にとって最大の関心事は、税引き後利益であり、税を企業経営若しくは投資その他の利潤追求行動上のコストの一つとして認識することは当然であること、さらに、前記のとおり、税額控除の枠を自らの事業活動上の能力、資源として利用することを法が一般に禁じているとは解されないことなどに留意する必要があり、かつ、租税法律主義から要請される基準の明確性からもきわめて問題があるといわなければならない。」

　そして、同地裁は、次のように縮小解釈を説示したのである。

> 「これらの点に鑑みるならば、取引各当事者に、税額控除の枠を利用すること以外におよそ事業目的がない場合や、それ以外の事業目的が極めて限局されたものである場合には、『納付することとなる場合』には当たらないが、それ以外の場合には『納付することとなる場合』に該当するという基準が採用されるべきである。
>
> かかる観点から法69条1項の『納付することとなる場合』に該当しないとされる取引としては、具体的には、内国法人が預金利息に源泉税が課されない国の支店を通じて、利息等の収入金額に比較的低率の源泉税を課す国の外国法人に融資を行うと同時に、当該外国法人から同額の預金を受け入れることにより、外国税額控除の余裕枠を創出するといった事案が考えられよう。」
>
> 「Xは、自らの金融機関としての業務の一環として、自らの外国税額控除枠を利用してコストを引き下げた融資を行ったのであり、これらの行為が事業目的のない不自然な取引であると断ずることはできない。」

3………グレゴリー事件

上記のように本件大阪地裁が否定したY主張の解釈手法は、しばしば「限定解釈」と呼ばれているが、**9.** でみた「縮小解釈」とはいかなる違いがあるのであろうか。次に、上記判決で言及されているグレゴリー事件判決の射程範囲なども含めて、このあたりの議論にさらに検討を加えることとしよう。

同事件は、納税者が、完全支配する会社が有する株式の未実現利益を実現させることに対する租税負担を回避するという目的のために適格分割型分割類似（非課税 spin-off）取引を行ったという事例である。具体的には次にみるとおりであるが、短期間に新設法人を設立、清算した行為に対する租税上の判断を争点とした事例である。

（1） 事案の概要

Evelyn E. Gregory（以下「Gregory 夫人」という）は、2回にわたる株式購入

で、United Mortgage Corporation（以下「U社」という）の発行済株式の全株を所有していた。U社は、上場されている Monitor Securities Corporation（以下「M社」という）の株式 1,000 株を保有していたところ、この株式が大幅に値上がりしたため、Gregory 夫人はそれを譲渡して多額の利益を生み出すことを考えた。しかし、M社株式をU社が売却すれば法人に対する多額の課税がなされ、夫人に配当すれば 3 万ドル余の所得税が課税される。他方、U社から Gregory 夫人が現物配当として M社株を受け取り、これを夫人が売却したとしても、その売却に係る 2 万ドル余の所得税が課されることになる。

■ 図表 1

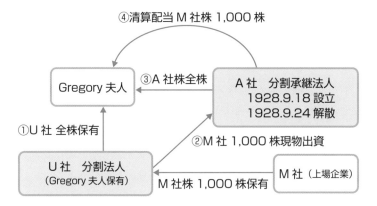

そこで、Gregory 夫人はこのような租税負担を回避するスキームをアドバイザーの協力を得て実行した。そのスキームとは、組織再編税制を活用するというものであった。

まず、1928 年 9 月 18 日に Gregory 夫人はデラウェア州に一時的な組織として、後にU社の分割承継法人となる Averill Corporation（以下「A社」という）を立ち上げ、3 日後に分割法人U社所有の M社株式の全部を分割承継法人A社に移転し、分割法人U社が交付を受けるA社株式を夫人に発行した。A社はさらにその 3 日後の 9 月 24 日に解散することとなり（その間事業活動は行っていない）、その清算により唯一の資産である M社株式の全部が夫人に清算配当として分配されることとなった。夫人は直ちにこの M社株式を

譲渡し、多額の売却益を得た。

　U 社による M 社株式の A 社への移転というような法人分割は、当時の米国内国歳入法では適格な組織再編成とされており、このような組織再編成の一方当事者である法人（U 社）の株主（Gregory 夫人）に、他方当事者の法人（A 社）の株式が発行された場合（図表 1 ③）には、株主には株式の受領からは利得が発生していないものとするという規定（1928 年 IRC112 ⅰ(1)B、112(g)）があった（非課税 spin-off）。この事件のスキームは、これらを利用して組織再編成によって軽減されることとなるキャピタル・ゲイン課税（相当部分は長期キャピタル・ゲインによる軽減課税）のみを受けるというものであった。すなわち、Gregory 夫人は、清算配当として受け取った M 社株式の価額から A 社株式に適切に割り当てられた原価を控除して取得株式の利得を計算することになるとして（IRC115 ⑥）、割当原価を控除したうえで、キャピタル・ゲインの申告をした。

　この申告に対して、内国歳入庁は、A 社の設立行為は実態を伴っていないので、その設立は否認されるべきとし、M 社の株式売却により受領した金額が U 社から Gregory 夫人に直接分配されたものとみなして、当該金額に係る夫人に対する配当課税により 1 万ドルの不足額の更正処分をした。これに対して夫人が、更正処分の取消しを求めて、租税不服審判所に訴えた。

(2)　租税不服審判所・巡回控訴裁判所・連邦最高裁判所

　租税不服審判所は、文理解釈を重視し、A 社の設立を否認することはできない旨の判断を示し、内国歳入庁の主張を斥けた。これに対し、第 2 巡回控訴裁判所において、Hand 裁判官は、次のように論じた。

　　取引が、たとえ租税を回避したいという願望又は納税義務者が選択した取引が租税を回避したいという願望からなされたとしても、租税法上認められた範囲内にある限り、その取引は租税法上の特例措置を失うことはないという点について、当裁判所も租税不服審判所及び納税義務者の見解に同意する。誰もが、租税を可能な限り軽減できるように自らの事業活動を

調整することができる。最大の税金を負担させるような当局お勧めの雛型を選択する必要はない。さらに、自らの税金納付をわざわざ増額すべしという愛国主義的な責務を果たす必要もない。

　本事案で行われたことが、内国歳入法112条D⑴規定によって意図されたものであったならば、その行為すべてが、所得税を免れるための巧妙なスキームであったとしても特段の問題とはならない。とはいうものの、制定法での定義に使われた概念に関する辞書の定義に事実が合致していなかったとしても、議会は同条の適用に当たって、そもそもかような取引も射程範囲としていたと解することはできない。メロディーが音符の寄せ集め以上であるように、1つの文章が意味するものは、個々の単語の意味以上のものであるかもしれない。事実認定にあっては、全体像が明らかになるように、すべての事柄を集合的に取り上げる必要がある。

　このように、租税回避という動機をその取引の否認根拠とするのではなく、あくまでも、租税回避目的で設立された法人であったとしてもその成立自体は認めるという立場に立ったうえで、租税法上の特例措置として課税減免を受け得るための組織再編成とは、「通常の事業取引」に反しないような組織再編成であり、同特例措置は、これに伴って行われた株式の交換に係る利得に対する課税の免除にあるとし、更正処分を認める判断を行ったのである。

　この第2巡回控訴裁判所の判断に対し、連邦最高裁は、裁判官全員一致でこれを維持した。

　連邦最高裁では、租税回避否認の判断基準となる見せかけの取引の要件として、第2巡回控訴裁判所のHand裁判官の説示にはなかった「事業目的（business purpose）」の要件が示されている。このグレゴリー事件判決については、これを経済的実質の法理（Economic Substance Doctrine）の「萌芽」と位置付ける見解がある一方、上記のとおり、法が本来予定している事業目的または法人の目的に合致しない場合にはその規定を適用しないとする限定解釈を論じた判決としても紹介されている。

4………グレゴリー事件判決とりそな銀行事件最高裁判決

　本件において、Yはグレゴリー事件判決にいう限定解釈を主張したものの、本件大阪地裁判決および控訴審大阪高裁平成15年5月14日判決はいずれも課税庁側の主張する限定解釈を採用せず、法人税法69条の外国税額控除の規定の適用を否認した課税処分を違法と断じた。これに対して、上告審最高裁平成17年12月19日第二小法廷判決は、次のように論じて原審判断を覆している。

> 「法人税法69条の定める外国税額控除の制度は、内国法人が外国法人税を納付することとなる場合に、一定の限度で、その外国法人税の額を我が国の法人税の額から控除するという制度である。これは、同一の所得に対する国際的二重課税を排斥し、かつ、事業活動に対する税制の中立性を確保しようとする政策目的に基づく制度である。」
> 「本件取引は、全体としてみれば、本来は外国法人が負担すべき外国法人税について我が国の銀行である被上告人〔筆者注：原告・控訴人〕が対価を得て引き受け、その負担を自己の外国税額控除の余裕枠を利用して国内で納付すべき法人税額を減らすことによって免れ、最終的に利益を得ようとするものであるということができる。これは、我が国の外国税額控除制度をその本来の趣旨目的から著しく逸脱する態様で利用して納税を免れ、我が国において納付されるべき法人税額を減少させた上、この免れた税額を原資とする利益を取引関係者が享受するために、取引自体によっては外国法人税を負担すれば損失が生ずるだけであるという本件取引をあえて行うというものであって、我が国ひいては我が国の納税者の負担の下に取引関係者の利益を図るものというほかない。そうすると、本件取引に基づいて生じた所得に対する外国法人税を法人税法69条の定める外国税額控除の対象とすることは、外国税額控除制度を濫用するものであり、さらには、税負担の公平を著しく害するものとして許されないというべきである。」

　この判断が、課税庁側の主張する限定解釈を採用した事例であるとみるべきかどうかについては議論のあるところである。金子宏東京大学名誉教授は、「ある銀行の取引が法人税法69条の定める外国税額控除制度の濫用にあたる

として、その適用を否定したのも、法律上の根拠がない場合に否認を認める趣旨ではなく、外国税額控除制度の趣旨・目的にてらして規定の限定解釈を行った例であると理解しておきたい。」とされる（金子・租税法141頁）。

　もっとも、何も、グレゴリー事件判決を持ち出さなくとも、縮小解釈によって、法の趣旨・目的に即して法人税法69条にいう「納付することとなる場合」の意味内容を制限的に解釈することは可能であったはずである。何しろ、本件最高裁は、下級審で議論された「グレゴリー事件判決」とか「限定解釈」などという文言を使ってもいないのである。

　このような意味では、同最高裁がグレゴリー事件判決にいう限定解釈を採用したとみるべきか否かについては、依然として明らかではないというべきではなかろうか。

　本件最高裁判決の判断を、このような縮小解釈と位置付ける理解には、本件最高裁が法人税法69条にいう「納付」あるいは「納付することとなる場合」という概念の解釈を論じることなく、単に「濫用するものであり……許されない」と判示している点、また「免れた税額を原資とする利益を取引関係者が享受するために、……我が国ひいては我が国の納税者の負担の下に取引関係者の利益を図るもの」として、問題とされている行為の詐害的性質を論じている点などに鑑みると、躊躇を覚えるところではある。

5………本節のまとめ

　本件最高裁判決が限定解釈を採用したとみるべきか否かについて、これを肯定する学説からは、法人税法69条が政策的規定であるからという点が論じられることがある。そして、前述のとおり、本件最高裁判決はそのことを認定している。

　では、なぜ、政策的規定であるかどうかが問題とされるのか。それは、政策的規定すなわち、**2.** の**4**で述べたように租税特別措置規定（租税特別措置法に限らず、本法内にもある）であるとすれば、かかる規定の趣旨・目的が他の規定に比して相対的に狭小なものとなることから、趣旨に応じた目的論的解

釈を行う素地を見出しやすいという点にあるのではなかろうか。

　この点はいわゆる「改築」事件東京高裁平成14年2月28日判決（訟月48巻12号3016頁）において明らかにされたところでもある（この事件については、**13.** 参照）。すなわち、同高裁は、平成10年改正前の租税特別措置法41条の住宅借入金等特別控除制度の適用において、同条にいう「改築」の概念を理解するに当たって、建築基準法上の「改築」概念との統一的理解を行うべきか否かという論点につき、建築基準法の目的と住宅借入金等特別控除制度の目的の違いに着目することで、かかる「改築」概念が借用概念であることを否定する判断を行った。ここでは、建築基準法の目的の側面に注目が集まりやすいが、捉え方によっては、住宅借入金等特別控除制度が租税特別措置規定であったことから、同条の目的を狭小に捉えるべきであるという点からも論じることができるように思われる。

　非課税規定・減免規定のような政策的規定は、比較的狭小な制度目的のもとに規定されているがゆえに、縮小解釈の余地があるとみることは可能であり、それを限定解釈と呼ぶべきかどうかについてはともかく、性質論としては、目的論的解釈の展開事例であると思われる。

■ **図表2**

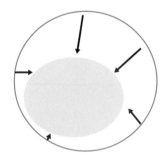

租税特別措置法たる住宅借入金等特別控除
比較的狭小な制度目的

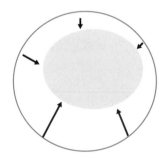

公法たる建築基準法
比較的狭小な制度目的

　さらに踏み込んで、「縮小解釈」と「限定解釈」の違いにこだわるとすれば、

差し当たり、縮小解釈が概念を趣旨に応じて縮小するという解釈手法である
のに対して、限定解釈は法条の適用を目的に限定して行うという解釈手法で
あるという違いがあるとする理解も可能であろう。

11.　まとめ

　納税者の負担を拡大する方向で、租税法の規定を拡張解釈または類推解釈することは許されないが、納税者に有利に、その負担を軽減する方向において、拡張解釈または類推解釈することは禁止されないという見解もある。しかし、はたしてそのように解するべきであろうか。

　この点につき、横浜地裁平成13年9月19日判決（裁判所HP）は、「たとえ納税者に有利な方向の解釈であっても、解釈の幅を広げることにより、課税庁の恣意的な解釈を許すことになるし、本来課税されるべき場合において課税されない者が出現してしまうことにより、税負担の公平性が損なわれてしまうので、このような解釈をとることはできない。したがって、ある課税法規に不満を覚えたとしても、それが著しく不合理で違法性を帯びるというものでない限り、その内容の当否は立法措置により解決されるべき問題であって、拡大解釈又は類推解釈の名の下に解決すべきではない。」とするのである。そして、「税法の解釈は、租税法律主義の帰結として、課税の目的のために、恣意的にその負担の限度を拡大して解釈することは許されないが、納税義務者の利益のために縮小して解釈することも許されない。」と判示する。そのほかにも同様の判断が散見される。

　結局は、文理解釈を主軸としながらも、租税法律主義の文脈にいう制定法尊重主義の立場からは、議会の意思をも織り込んだ解釈（＝目的論的解釈）が展開されるべきであるといわざるを得ない。なお、その際、納税者の利益に働くか否かという観点ではなく、それが、租税法律主義の要請する議会意思の尊重すなわち国民の自己同意の尊重という観点から、目的論的解釈の適用に当たっては法の趣旨から逸脱したものとならないように、常に留意しなければならない。ともすると、租税回避の否認論においては、租税負担公平の原則あるいは租税公平主義が強調され、文理解釈の限界を指摘する向きもあるが、同主義とても、公平観念が議会での議論を通じて実定法に顕現されて

いると考えるべきであるから、やはり、そこでも文理解釈は重視されなけれ
ばならないと考えるべきであろう。

　このように、租税負担公平の原則は法文に顕現された文理によって実現さ
れると理解すべきではなかろうか。すなわち、租税法律主義に租税公平主義
が内在するという考え方である。

　もっとも、議会意思の尊重という文脈では、やはり制定法の趣旨から離脱
した解釈論を採用することは困難であることを考えると、第一義的には文理
解釈による厳格な解釈が展開されるべきであるし、二次的にこれを補完する
という意味において、すなわち文理解釈によっては制度の趣旨・目的に反す
ることとなる場合の、「最後の砦」としての補完という意味において、目的論
的解釈が採用されると理解すべきであろう。私見としては、このような二重
の解釈手法の確認が重要と考える。丁寧な解釈がひいては租税法律主義の趣
旨を堅持することにつながり得るのであって、租税法における厳格解釈とは、
文理解釈を主軸とし、さらに、租税特別措置規定については、議会意思ひい
ては自己同意の尊重という意味での法目的実現のための目的論的解釈による
最終的な補完をもってして実現される解釈態度であると考えられるのである。
このような解釈態度こそが、財産権保障という自由主義的統制と租税負担公
平の原則の例外たる租税特別措置に対する民主主義的統制の両局面を担保す
ると考えられよう。

　ともすると、りそな銀行事件において、最高裁は、法制度の濫用の場合に
おける課税要件の充足を否定したと捉える見解もあるが、そうであるとする
と、制度濫用があった場合には課税要件の充足を否定するという根拠法がな
いなかでなされた判断ということになる。租税法律主義のもとでは、法の根
拠なくして、私法を無視して、課税要件の充足があったと認定することも、
課税要件の充足がなかったと認定することもできないのであるから、最高裁
がそのような判断を採用したとは理解しにくい。りそな銀行事件最高裁判決
は、法制度の濫用の場面で、法制度の目的に応じた解釈がなされるべきとの
考えのもとで、限定解釈が展開されたとみるべき事案であるように思われる。
最高裁が、原審において議論された法人税法 69 条 1 項の「納付することとな

る場合」の文言の意義について論じることなく判示したことをふまえれば、同最高裁の考え方は少なくともいわゆる従来の「縮小解釈」の手法とは趣きを異にするように思われるのである。

　目的論的解釈を展開するうえで、主に拡張解釈と縮小解釈は概念の意味を広げたり狭めたりする解釈手法であるが、類推解釈はそれにとどまらない解釈手法である。すなわち、拡張解釈や縮小解釈は、第3部で論じる概念論につながる問題であるといえよう。

■**図表1　主に概念の解釈の問題（A グループ）**

拡張解釈	法令の規定の文字等をそれが普通意味するところよりも広げて解釈
縮小解釈	法令の規定の文字等をそれが普通意味するところよりも狭く解釈
変更解釈	法令の規定の文字等をそれが本来意味するところとは別の意味に解釈

■**図表2　主に概念の解釈の問題にとどまらない（B グループ）**

反対解釈	逆の効果が生じるような趣旨の規定を含んでいるとして解釈
類推解釈	ある規定と同じ趣旨の規定が他方にもあるものと考えて解釈
もちろん解釈	明文の規定はないものの条理上当然のこととして解釈

　このように、法の欠缺をいかに解釈で乗り越えるかという問題のうち、Aグループは概念の解釈の問題であると整理することができる。A グループの概念の解釈の問題については、租税法の解釈に極めて特徴的な問題を包摂していることから、第3部でじっくり解説することとしたい。

概念論

12. 借用概念論—私法からの借用：武富士事件

1………本節のポイント—相続税法上の「住所」

（1）　概念論の基礎的理解

（a）　固有概念と借用概念

　租税法が用いている概念（用語）には、二種類のものがある。一つは、他の法分野で用いられている概念である。他の法分野から借用しているという意味で、これを借用概念という。もう一つは、他の法分野では用いられておらず、租税法が独自に用いている概念である。これを固有概念という（金子・租税法 126 頁）。

　借用概念をどう理解するかについては学説上見解が分かれている。ここで、学説を簡単にみておこう。

```
①　独立説
　　エンノ・ベッカー（Enno Becker）は、租税法が民法上の概念を使用する
　のはやむを得ずしていることであって、それは応急手段にすぎず、その
　概念の解釈に当たって私法上の解釈に固執すべきではないとして、独立説を
　論じられる。
```

　しかしながら、独立説に対しては、法秩序の一体性や法的安定性を顧慮しないものとの批判がなされている。

```
②　統一説
　　金子宏東京大学名誉教授や中川一郎博士は、法秩序の統一の観点から、他
　の法分野の用語の意義と統一して解釈すべきとする統一説を展開される（金
```

子・租税法 127 頁、中川『税法の解釈及び適用』217 頁以下（三晃社・1961））。

　たとえば、金子教授は、租税法が用いている概念を固有概念と借用概念の二種類に区分し、このうち、借用概念を他の法分野で用いられている概念と捉えたうえで、借用概念の解釈について、次のように論じられる（金子・租税法 127 頁）。

　「わが国では、この点について見解が対立している……が、借用概念は他の法分野におけると同じ意義に解釈するのが、租税法律主義＝法的安定性の要請に合致している。すなわち、私法との関連で見ると、納税義務は、各種の経済活動ないし経済現象から生じてくるのであるが、それらの活動ないし現象は、第一次的には私法によって規律されているから、租税法がそれらを課税要件規定の中にとりこむにあたって、私法上におけると同じ概念を用いている場合には、別意に解すべきことが租税法規の明文またはその趣旨から明らかな場合は別として、それを私法上におけると同じ意義に解するのが、法的安定性の見地からは好ましい。その意味で、借用概念は、原則として、本来の法分野におけると同じ意義に解釈すべきであろう。」

　このような法的安定性を強調する文脈から、租税法上の概念を私法上のそれと同一の意義に解釈すべきであると主張する立場は、多くの学説上の支持を得ている。もっとも、概念の解釈に当たって立法趣旨等を考慮すべきか否かについては個々に若干の見解の相違もみられるところであるが、②の見解が通説であるといえよう。

　③　目的適合説
　田中二郎博士や植松守雄氏は、借用概念の理解に当たっては租税法の目的にあわせて解釈すべきとする目的適合説を主張される。

たとえば、田中博士は、②の統一説を法的安定性の見地から一理ある考え方としたうえで、次のように述べられる（田中・租税法126頁）。

　「しかし、これ〔筆者注：統一説〕を絶対的な原則とする考え方には、にわかに賛成しがたい。元来、私法の規定は、私的自治の原則を前提として承認し、原則として、その補充的・任意的規定としての意味をもつものであり、当事者間の利害の調整という見地に基づく定めである。……ところが、租税法は、当事者間の利害調整という見地とは全く別個に、これを課税対象事実又はその構成要件として、これらの規定又は概念を用いているのであるから、同じ規定又は概念を用いている場合でも、常に同一の意味内容を有するものと考えるべきではなく、租税法の目的に照らして、合目的的に、従って、私法上のそれに比して、時にはより広義に、時にはより狭義に理解すべき場合があり、また、別個の観点からその意味を理解すべき場合もあることを否定し得ない。……現行租税法には、幾多の不備・欠陥のあることが否定できない現在、たとえ私法上の規定を引用し、又はその概念を用いている場合でも、租税法上、直ちに私法上のそれと同一に解すべきではなく、規定又は概念の相対性を認め、租税法の目的に照らし、その自主性・独自性を尊重して、その目的に合する合目的的解釈をなすべきことを承認しなければならない。」

　これに対して、金子教授は、目的適合説について次のように批判論を展開されている（金子「租税法と私法」租税6号11頁（1978））。

　「借用概念についてとかく自由な解釈がおこなわれやすく、その結果として租税法律主義のそもそもの狙いである法的安定性と予測可能性がそこなわれる危険性のあることは否定できない。」

　このような学説上の対立があるが、前述のとおり、通説は②の統一説を採用している。

　🌷　法の大まかな分類として「公法」と「私法」がある。一般的には、憲法や刑法、租税法を含む各行政法などが公法とされ、民法や商法、会社法などが私法と整理されている。

この分類は、国家機関ないし行政機関が関わるものが公法、国民ないし市民相互の関係を規律するものが私法という考え方によるものである（高橋和之ほか『法律学小辞典〔第5版〕』396頁（有斐閣・2016））。他の法律から借用された概念を考える際には、その借用元となった法律がいかなる性格や趣旨を有する法律であるのかを考えることが非常に重要である。その意味で、借用元が私法であるのか、あるいは公法であるのかという大まかな分類も一つの目安になろう。

（b）　租税法の概念の解釈手順

　租税法の条文に用いられている概念の解釈手順としては、図表1のような道筋がオーソドックスなものであろう。まず、①対象となっている概念の定義がその租税法のなかにあるか（固有概念として定義されている場合と、具体的に借用元の法条を示して定義される借用概念の場合がある）、②定義はなくとも文脈・沿革等から意味を把握することができるかを検討する。次に、③文脈等から把握できないとしたら、固有概念であるか否かを検討することになる。そして、④固有概念ではないとした場合に、借用概念であるか否かを検討することになる。

■ **図表1　判定チャート図**

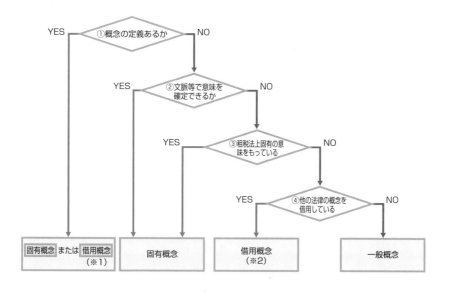

借用概念については、その概念が借用概念であることが明文上明らかにされているものがある（図表1※1）。たとえば、所得税法48条の2《暗号資産の譲渡原価等の計算及びその評価の方法》1項は、「暗号資産」を「暗号資産（資金決済に関する法律（平成21年法律第59号）第2条第14項（定義）に規定する暗号資産をいう。以下この条において同じ。）」と条文内に定義している。すなわち、同条以降にいう「暗号資産」とは、資金決済に関する法律に定義されているそれを指すということが明らかである。他方、対象となる概念が借用概念であると明文には明らかにされていないもの（図表1※2）もあり、解釈論上難しいのは、後者（図表1※2）の借用概念である。

　それでは、具体的事例を素材に租税法の概念の解釈についてみていこう。

　租税法上で用いられている「ある用語」に定義規定がなく、その意味がその文脈等から明確ではない場合、それが私法から借りてきた概念（借用概念）であるとすれば、その私法上の概念の意味内容に従って解釈をすることが、租税法律主義の要請する法的安定性や予測可能性に資すると考えられている（統一説）。

　このように、租税法の解釈では、多くの場面で、「私法準拠」といわれる、私法の概念に依拠する態度をとっている。

　たとえば、租税法の解釈適用の場面では、「住所」の認定が問題となる。それは、「居住者」と「非居住者」という納税義務者の属性を判断する際にも、また、課税対象の認定をする際などにも重要な論点となる。

　しかしながら、租税法では、「住所」について、その意味を明らかにする条文上の手当てがされていない。仮に、上記のとおり、「住所」という用語が民法からの借用概念であれば、民法によってその意味が明らかになるはずである（統一説）。

　本節で取り上げるいわゆる武富士事件においては、民法上の「住所」概念を用いて相続税法上の「住所」の意義をいかにして明らかにするかという点が議論された。これは、一見すると、租税法上の「住所」の意味は民法と同じように解釈すればよいのであるから、何も裁判において争われるほどのことはないように思われるところである。しかしながら、実は、民法において

は「住所」を「生活の本拠」と規定するだけで、それ以上のことは何も明記していないのである（民22）。

相続税法1条の4《贈与税の納税義務者》
　次の各号のいずれかに掲げる者は、この法律により、贈与税を納める義務がある。
一　贈与により財産を取得した次に掲げる者であって、当該財産を取得した時においてこの法律の施行地に<u>住所</u>を有するもの
　　イ、ロ　（略）
二　贈与により財産を取得した次に掲げる者であって、当該財産を取得した時においてこの法律の施行地に<u>住所</u>を有しないもの
　　イ、ロ　（略）
三　贈与によりこの法律の施行地にある財産を取得した個人で当該財産を取得した時においてこの法律の施行地に<u>住所</u>を有するもの（第1号に掲げる者を除く。）
四　贈与によりこの法律の施行地にある財産を取得した個人で当該財産を取得した時においてこの法律の施行地に<u>住所</u>を有しないもの（第2号に掲げる者を除く。）

　後述するように平成25年改正前の旧相続税法1条の2は、贈与により取得した財産が国外にあるものである場合には、受贈者が贈与を受けた時点において国内に住所を有することが、当該贈与についての課税要件とされていた。

　すると、そこにいう「生活」や「本拠」の意味が明らかにされなければ「住所」の意味もまた明らかにならないのであるが、これらの意味は民法の条文からは判然としない。

民法22条《住所》
　各人の生活の本拠をその者の<u>住所</u>とする。

　そこで、学説をみてみると、民法の学説は「住所」についてあまり強い関心を寄せているとはいえず、また、これを取り上げている学説においても、「住所」概念の理解について複数説と単数説に分かれているし（住所複数説と

住所単数説については、後述の**レベルアップ**を参照)、住所認定上の問題として客観説と主観説に分かれているなど、見解の一致をみていない。

では、民法の判例ではどうであろうか。残念ながら、民法以外であれば法令上の「住所」概念を争う裁判例はあるものの、民法上の「住所」の意義について判示する最高裁判決はない。

このように、租税法上に用語の定義規定がない場合であっても、これを民法と同じに理解すれば問題なく解釈できるなどということは到底いえない。

そこで、ここでは武富士事件第一審東京地裁平成19年5月23日判決（訟月55巻2号267頁）、控訴審東京高裁平成20年1月23日判決（訟月55巻2号244頁）および上告審最高裁平成23年2月18日第二小法廷判決（集民236号71頁）[1] を素材として、相続税法上の「住所」概念について考えてみたい。

2………検討素材
—相続税法上の「住所」の認定が争われた事例（武富士事件）

（1） 事案の概要

X（原告・被控訴人・上告人）は、亡父Bおよび母Cから、平成11年12月27日付けの株式譲渡証書により、A社（オランダにおける有限責任非公開会社）の出資口数各560口、160口（合計720口）を取得したことについて、平成11年分贈与税の決定処分および無申告加算税賦課決定処分を受けた。

本件は、Xが本件贈与日に日本に住所を有していなかったから、相続税法（平成11年法律第87号による改正前のもの）1条の2第1号により納税義務を負わないと主張して、上記の決定処分の取消しを求めた事案である。

なお、平成25年度税制改正前の当時の相続税法では、贈与税の納税義務者について、贈与により財産を取得した個人で当該財産を取得した時において、この法律の施行地に住所を有する者である場合には、その者が贈与により取

---

1) 判例評釈として、渕圭吾・ジュリ1422号106頁（2011）、小林宏之・判評634号156頁（2011）、高野幸大・民商145巻4＝5号541頁（2012）、浅妻章如・租税判例百選〔第7版〕30頁（2011）、増田英敏・ジュリ1454号114頁（2013）、酒井・ブラッシュアップ272頁など参照。

得した財産の全部に対し贈与税を課すると規定していた（旧相法1の2一、2の2①）。

(2) ………認定事実

　もう少し具体的な事実関係を、本件最高裁の判断の前提となった原審による事実認定に従ってみておこう。

　〔1〕　Xは、上記贈与の贈与者であるBおよびCの長男であるところ、Bが代表取締役を務めていた消費者金融業を営む会社である株式会社T社に平成7年1月に入社し、同8年6月に取締役営業統轄本部長に就任した。BはXをT社における自己の後継者として認め、Xもこれを了解し、社内でもいずれはXがBの後継者になるものと目されていた。

　〔2〕　当時、贈与税の課税は受贈時に受贈者の住所が国内にあることが要件とされていたため（旧相法1の2、2の2）、贈与者が所有する財産を国外へ移転し、さらに受贈者の住所を国外に移転させた後に贈与を実行することによって、わが国の贈与税の負担を回避するという方法が、平成9年当時においてすでに一般に紹介されており、Bは、同年2月ころ、このような贈与税回避の方法について、弁護士から概括的な説明を受けた。

　〔3〕　T社の取締役会は、平成9年5月、Bの提案に基づき、海外での事業展開を図るため香港に子会社を設立することを決議した。Xは、同年6月29日に香港に出国していたところ、上記取締役会は、同年7月、Bの提案に基づき、情報収集、調査等のための香港駐在役員としてXを選任した。また、T社は、同年9月および平成10年12月、子会社の設立に代えて、それぞれ香港の現地法人（以下「本件各現地法人」という）を買収し、その都度、Xが本件各現地法人の取締役に就任した。

　〔4〕　Xは、平成9年6月29日に香港に出国してから同12年12月17日に業務を放棄して失踪するまでの期間（以下「本件期間」という）中、合計168日、香港において、T社または本件各現地法人の業務として、香港またはその周辺地域に在住する関係者との面談等の業務に従事した。他方で、Xは、本件期間中、月に1度は帰国しており、国内において、月1回の割合で開催

されるT社の取締役会の多くに出席したほか、少なくとも19回の営業幹部会および3回の全国支店長会議にも出席し、さらに、新入社員研修会、格付会社との面談、アナリストやファンドマネージャー向けの説明会等にも出席していた。また、Xは、本件期間中の平成10年6月にT社の常務取締役に、同12年6月に専務取締役にそれぞれ昇進した。

〔5〕　本件期間中に占めるXの香港滞在日数の割合は約65.8％、国内滞在日数の割合は約26.2％であった（図表2参照）。

〔6〕　Xは独身であり、本件期間中、香港においては、家財が備え付けられ、部屋の清掃やシーツの交換などのサービスが受けられるアパートメント（以下「本件香港居宅」という）に単身で滞在した。そのため、Xが出国の際に香港へ携行したのは衣類程度であった。本件香港居宅の賃貸借契約は、当初が平成9年7月1日から期間2年間であり、同11年7月、期間2年間の約定で更改された。他方で、Xは、帰国時には、香港への出国前と同様、Bが賃借していた東京都杉並区所在の居宅（以下「本件杉並居宅」という）で両親および弟とともに起居していた。

■ 図表2

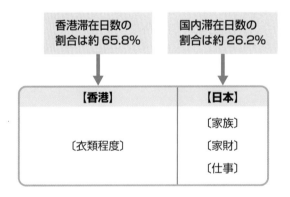

〔7〕　Xの香港における資産としては、本件期間中に受け取った報酬等を貯蓄した5,000万円程度の預金があった。他方で、Xは、国内において、平成10年12月末日の時点で、評価額にして1,000億円を超えるT社の株式、23

億円を超える預金、182億円を超える借入金等を有していた。

〔8〕 Xは、香港に出国するに当たり、住民登録につき香港への転出の届出をしたうえ、香港において、在香港日本総領事あて在留証明願、香港移民局あて申請書類一式、納税申告書等を提出し、これらの書類に本件香港居宅の所在地をXの住所地として記載するなどした。他方で、Xは、香港への出国の時点で借入れのあった複数の銀行およびノンバンクのうち、銀行3行については住所が香港に異動した旨の届出をしたが、銀行7行およびノンバンク1社についてはその旨の届出をしなかった。なお、T社の関係では、本件期間中、常務取締役就任承諾書および役員宣誓書には、Xは自己の住所として本件杉並居宅の所在地を記載し、有価証券報告書の大株主欄には、本件香港居宅の所在地がXの住所として記載されていた。

〔9〕 BおよびCは、オランダにおける非公開有限責任会社であるA社（総出資口数800口）の出資をそれぞれ560口および240口所有していたところ、平成10年3月23日付けで、同社に対しT社の株式合計1,569万8,800株を譲渡したうえ、同11年12月27日付けで、Xに対し、Bの上記出資560口およびCの上記出資のうち160口の合計720口の贈与（以下「本件贈与」という）をした。

〔10〕 BおよびXは、本件贈与に先立つ平成11年10月ころ、公認会計士から本件贈与の実行に関する具体的な提案を受けていた。また、Xは、本件贈与後、3か月に1回程度、国別滞在日数を集計した一覧表をT社の従業員に作成してもらったり、平成12年11月ころ国内に長く滞在していたところ、上記公認会計士から早く香港に戻るよう指導されたりしていた。

〔11〕 本件杉並居宅の所在地を所轄する税務署長は、本件贈与について、平成17年3月2日付けで、Xに対し、贈与税の課税価格を1,653億603万1,200円、納付すべき贈与税額を1,157億290万1,700円とする平成11年分贈与税の決定処分および納付すべき加算税の額を173億5,543万5,000円とする無申告加算税の賦課決定処分（本件各処分）をした。

（3） 争点

さて、このような事実認定を前提とした場合、Xの住所は国内にあったといえるのであろうか。これが、本件における争点である。

前述のとおり、「住所」とは民法22条の「生活の本拠」をいうとの理解を前提とすると、次の二つのポイントに関心が集まる。

> 【ポイント①】
> 　Xが香港に生活の居を構えていたのは、「贈与税を回避するため」であったと推察することができるが、租税回避目的という点が住所の認定に何らかの影響を及ぼすのか（条文には租税回避目的であるかどうかが住所の認定に影響を及ぼすとの規定はない）。
> 【ポイント②】
> 　Xの香港やわが国での生活の実態はいかなるものであったか。

3………東京地裁平成 19 年 5 月 23 日判決

第一審東京地裁判決は、Xは3年半ほどの本件滞在期間中、香港に住居を設け、同期間中の約65％に相当する日数、香港に滞在して起臥寝食する一方、国内には約26％に相当する日数しか滞在していなかったのであるから、本件贈与日において、Xが日本国内に住所すなわち生活の本拠を有していたと認定することは困難であるとして、Xの請求を認容した。

4………東京高裁平成 20 年 1 月 23 日判決

控訴審東京高裁判決は、「Xは、本件滞在期間以前は、本件杉並自宅に亡B、C及びG〔筆者注：Xの実弟〕とともに居住し、本件杉並自宅を生活の本拠としていたものである。」とし、次のように認定したうえで、Xの請求を棄却した。

〔1〕　本件杉並自宅の X の居室は、X が香港に出国した後も、家財道具等を含めて出国前のままの状態で維持され、X が帰宅すれば、従前と同様にそのまま使用することができる状況にあった。

〔2〕　X は、本件滞在期間中も、1 か月に 1 度は日本に帰国し、本件滞在期間を通じて 4 日に 1 日以上の割合で日本に滞在し、日本滞在中は、本件杉並自宅で起居し、特別な用事がない限り、朝夕の食事は、本件杉並自宅でとり、毎朝、本件杉並自宅から T 社に出勤し、毎夕本件杉並自宅に帰宅するなど、日本滞在時の本件杉並自宅における X の生活の実態は、本件杉並自宅で起居する日数が減少したものの、本件滞在期間以前と何ら変わっていなかった。

〔3〕　X は、本件滞在期間前から、日本国内において、東京証券取引所一部上場企業である T 社の役員という重要な地位にあり、本件滞在期間中も引き続きその役員としての業務に従事して職責を果たし、その間に前記のとおり昇進していた。

〔4〕　X は、亡 B の跡を継いで T 社の経営者になることが予定されていた重要人物であり、X にとって T 社の所在する日本が職業活動上最も重要な拠点（組織）であった。

〔5〕　X は、香港に滞在するについて、家財道具等を移動したことはなく、香港に携帯したのは、衣類程度にすぎなかった。

〔6〕　X は本件贈与がされた当時、日本国内に莫大な価値を有する株式等の資産を有していた一方、香港において X が有していた資産は、X の資産評価額の 0.1％にも満たないものであった。

〔7〕　X の居住意思の面からみても、香港を生活の本拠としようとする意思は強いものであったとは認められないのであって、本件事実関係のもとでは、香港における滞在日数を重視し、日本における滞在日数と形式的に比較してその多寡を主要な考慮要素として本件香港自宅と本件杉並自宅のいずれが住所であるかを判断するのは相当ではない。

　本件東京高裁は、上記事実を考えあわせたうえで、X の主張を斥け、次のように国内に住所があったと判示した。

「本件滞在期間中の X の香港滞在日数が前記のとおりであり、X が香港において……職業活動に従事していたことを考慮しても、本件滞在期間中の X の生活の本拠は、それ以前と同様に、本件杉並自宅にあったものと認めるのが相当であり、他方、本件香港自宅は、X の香港における生活の拠点であったものの、X の生活全体からみれば、生活の本拠ということはできないものというべきである。」

5………最高裁平成 23 年 2 月 18 日第二小法廷判決

　これに対し、上告審最高裁判決は、次のように国内に住所はなかったと判示し、X の主張を認めた。

「X は、本件贈与を受けた当時、本件会社〔筆者注：T 社〕の香港駐在役員及び本件各現地法人の役員として香港に赴任しつつ国内にも相応の日数滞在していたところ、本件贈与を受けたのは……赴任の開始から約 2 年半後のことであり、香港に出国するに当たり住民登録につき香港への転出の届出をするなどした上、通算約 3 年半にわたる赴任期間である本件期間中、その約 3 分の 2 の日数を 2 年単位（合計 4 年）で賃借した本件香港居宅に滞在して過ごし、その間に現地において本件会社又は本件各現地法人の業務として関係者との面談等の業務に従事しており、これが贈与税回避の目的で仮装された実体のないものとはうかがわれないのに対して、国内においては、本件期間中の約 4 分の 1 の日数を本件杉並自宅に滞在して過ごし、その間に本件会社の業務に従事していたにとどまるというのであるから、本件贈与を受けた時において、本件香港居宅は生活の本拠たる実体を有していたものというべきであり、本件杉並居宅が生活の本拠たる実体を有していたということはできない。」

6………検討のポイント

　このように、本件は、第一審、控訴審、上告審と、判断が二転三転した事例である。同じ事実認定のもとでもこれだけ判断が揺れ動くところに、「住所」の認定の難しさが垣間見えるといえよう。

　注目したいのは、本件東京高裁の以下の判示である。

> 　「法令において人の住所につき法律上の効果を規定している場合、反対の解釈をすべき特段の事由のない限り、その住所とは、各人の生活の本拠を指すものと解するのが相当であり……、生活の本拠とは、その者の生活に最も関係の深い一般的生活、全生活の中心を指すものである……。そして、一定の場所が生活の本拠に当たるか否かは、住居、職業、生計を一にする配偶者その他の親族の存否、資産の所在等の客観的事実に、居住者の言動等により外部から客観的に認識することができる居住者の居住意思を総合して判断するのが相当である。」

　一方、本件最高裁は、以下のように述べている。

> 　「ここにいう住所とは、反対の解釈をすべき特段の事由はない以上、生活の本拠、すなわち、その者の生活に最も関係の深い一般的生活、全生活の中心を指すものであり、一定の場所がある者の住所であるか否かは、客観的に生活の本拠たる実体を具備しているか否かにより決すべきものと解するのが相当である」。

　一見すると「住所」概念の理解については、ほぼ一致しているようにみえる。なぜなら、両裁判所ともに、相続税法上の「住所」は「生活の本拠」を指すものとするのが相当であるとしているからである。

　しかしながら、前述のとおり、両裁判所の判断は分かれたのである。そこで、本件東京高裁と本件最高裁における判断の相違点を理解するために、各裁判所の認定事実と判断を整理すると、次頁の図表3のようになる。

　このようにみると、本件東京高裁と本件最高裁の判断を分けた最も重要な

■図表3

	東京高裁	最高裁
住所とは	生活の本拠	
生活の本拠とは	その者の生活に最も関係の深い一般的生活、全生活の中心を指す。	
参照判例	最高裁昭和 29 年 10 月 20 日大法廷判決	
		最高裁昭和 32 年 9 月 13 日第二小法廷判決
	最高裁昭和 35 年 3 月 22 日第三小法廷判決	
判断の基礎①	一定の場所が生活の本拠に当たるか否かは、住居、職業、生計を一にする配偶者その他の親族の存否、資産の所在等の客観的事実に、居住者の言動等により外部から客観的に認識することができる居住者の居住意思を総合して判断するのが相当である。	一定の場所がある者の住所であるか否かは、客観的に生活の本拠たる実体を具備しているか否かにより決すべきものと解するのが相当である。
	客観的事実 + 客観的認識可能な居住意思	客観的実体
同②	特定の場所を特定人の住所と判断するについては、その者が間断なくその場所に居住することを要するものではなく、単に滞在日数が多いかどうかによってのみ判断すべきものでもない。	
	最高裁昭和 27 年 4 月 15 日第三小法廷判決	
租税回避の意図と住所の認定	X が、贈与税回避を可能にする状況を整えるために香港に出国するものであることを認識し、本件期間を通じて国内での滞在日数が多くなりすぎないよう滞在日数を調整していたことをもって、住所の判断に当たって香港と国内における各滞在日数の多寡を主要な要素として考慮することを否定する理由となる。	主観的に贈与税回避の目的があったとしても、客観的な生活の実体が消滅するものではないから、上記の目的のもとに各滞在日数を調整していたことをもって、現に香港での滞在日数が本件期間中の約３分の２（国内での滞在日数の約 2.5 倍）に及んでいる X について前記事実関係等のもとで本件香港居宅に生活の本拠たる実体があることを否定する理由とすることはできない。
裁判所の認定	1 (2) ① ② 本件期間中、国内では家族の居住する本件杉並宅で起居していた。	本件期間中、国内では家族の居住する本件杉並居宅で起居していたことは、帰国時の滞在先として自然な選択である。
	同 ③ ④ X の T 社内（日本に所在する会社内）における地位ないし立場は重要なものであった。	X の T 社内における地位ないし立場の重要性は、約 2.5 倍ある香港と国内との滞在日数の格差を覆して生活の本拠たる実体が国内にあることを認めるに足りる根拠となるとはいえない。
	同 ⑤ 香港に家財等を移動していない。	1 (3) 費用や手続の煩雑さに照らせば別段不合理なことではない。
	同 ⑤ 香港では部屋の清掃やシーツの交換などのサービスが受けられるアパートメントに滞在していた。	昨今の単身で海外赴任する際の通例や X の地位、報酬、財産等に照らせば当然の自然な選択であって、およそ長期の滞在を予定していなかったなどとはいえない。
	同 ⑥ 香港に銀行預金等の資産を移動していない。	海外赴任者に通常みられる行動と何ら齟齬するものではない。
	同 ⑦ 各種の届出等からうかがわれる X の居住意思は香港になかった。	X は赴任時の出国の際に住民登録につき香港への転出の届出をするなどしており、一部の手続について住所変更の届出等が必須ではないとの認識のもとに手間を惜しんでその届出等をしていないとしても別段不自然ではない。

ポイントは次の2点にあるといえよう。

【ポイント①】
　Xの「居住意思」を重視すべきか否か。
→本件東京高裁：重視すべきである。
　本件最高裁：重視すべきでない。
【ポイント②】
　客観的判断基準の要素として滞在日数の多寡を考慮すべきか否か。すなわち、滞在日数は「租税回避の意図」によって操作し得るところ、これを否定すべきか否か。
→本件東京高裁：滞在日数の多寡を考慮すべきではない。
　本件最高裁：これを考慮すべきである。

　以上のように、Xの主張を認めた本件最高裁は、「住所」認定において「居住意思」を重視しない態度をとっている。すなわち、同最高裁は、いかなる意思によって作出された外形であっても、それが客観的判断基準を表している限り、それに従うという態度を表明しているとみることができる。

　そして、このような態度が、「租税回避の意図」によって操作され得る滞在日数の多寡を住所の判断基準とすることを否定しないという結論にも結び付いているようである。

　この点が、本件東京高裁が客観的事実に加えて「客観的に認識可能な居住意思」をもあわせて判断すべきとしている点との大きな差異であるといえよう。

　ところで、本件最高裁が判断の参考とした判例は、次のとおりである。

【本件最高裁が参考とした判例】
①　最高裁昭和29年10月20日大法廷判決（民集8巻10号1907頁）
②　最高裁昭和32年9月13日第二小法廷判決（集民27号801頁）
③　最高裁昭和35年3月22日第三小法廷判決（民集14巻4号551頁）
※下記④については参照していない。

他方、本件東京高裁が判断の参考とした判例は、次のとおりであった。

【本件東京高裁が参考とした判例】
① 最高裁昭和29年10月20日大法廷判決
③ 最高裁昭和35年3月22日第三小法廷判決
④ 最高裁昭和27年4月15日第三小法廷判決（民集6巻4号413頁）
※上記②については参照していない。

本件東京高裁が引用しなかった②の最高裁判決は公職選挙法上の「住所」が争点となった事例であるが、そこでは、どのように住所について説示されているのであろうか。

②の最高裁は次のように説示している。

「一定の場所を住所と認定するについては、その者の住所とする意思だけでは足りず客観的に生活の本拠たる実体を必要とするものと解すべき〔である。〕」

すなわち、住所の認定に当たっては、居住意思だけでは判断せずに、客観的な実体があることが必要であるとしているのである。このような考え方は、「客観的事実＋客観的認識可能な居住意思」で住所を認定すべきとする本件東京高裁の判断と抵触するものではない。したがって、②の判例が本件東京高裁と本件最高裁の判断を分けたとみることは難しいように思われる。

では、本件東京高裁が参考としながら、本件最高裁が参考としなかった④の判例はどうであろうか。

④の最高裁は次のように説示している。

「特定の場所を特定人の住所と判断するについて、その者が間断なくその場所に居住することを要するものではなく、又単に滞在日数の多いかどうかによってのみ判断すべきものでもないけれども、所論のような客観的施設の有無によってのみ判断すべきものでもない。」

この判例は、「住所」を認定するに当たっては、客観的事実（滞在日数の多寡や客観的施設の有無）のみに従うべきものではないとする考え方を明らかにしている。この④の判例を本件東京高裁が引用しているのにもかかわらず、その上告審たる本件最高裁は、これについては何も触れていないのである。

7………「住所」の認定に当事者の意思を持ち込むべきか

　従来から、民法上の「住所」概念の理解に当たっては、主観説と客観説との対立があった。

> **【主観説】**
> 　住所の認定に当たっては、ある場所を主たる生活の場とするにつき定住の意思をもっていることを要するという考え方をいう。
> **【客観説】**
> 　定住の意思を不要とし、専ら客観的な事実から本人の住所が認定されるべきであるとする考え方をいう。

　このような学説の対立について、民法学者の石田喜久夫教授は次のように述べる（谷口知平＝石田編『新版注釈民法 (1)〔改訂版〕』336 頁〔石田執筆〕（有斐閣・2002））。

> 　「おもうに、本人の意思を完全に排除して法律関係を語るには、原則として、背理の疑いがある。住所に関する主観説といえども、定住の事実がありながら、問題を生じた場合に『ここに定住する意思はない』などと言い放つ者に、定住の意思の欠缺を認めるものではない。むしろ、かえって、定住の事実のみで原則として住所を認定しようとする客観説こそ、立論の出発点において批判されなければならない〔。〕」

　この主観説と客観説の対立に関しては、「住所」認定において「居住意思」が客観的にみて合理的なものといえるかどうかというように捉えるのであれ

ば、主観説と客観説との差異はほとんど消失するといえる。この点から判示したのが、本件東京高裁判決だったのではないかと思われる。

すなわち、意思というのは当事者の内面的な心の問題であるから、第三者がこれに基づいて判断をすることは困難であるため、「客観的に認識可能な居住意思」によって判断をすべきとするのが同高裁の考え方であったといえよう。

しかしながら、本件最高裁は、このような「客観的に認識可能な居住意思」を「住所」の認定に当たって斟酌しないとする態度に出たものと思われる。すなわち、原則として居住の事実のみで「住所」を認定しようとする客観説の立場に立っているとみることができそうである。

さて、本件では、客観的に X の意思を認定することはできなかったのであろうか。

この点は、本件最高裁の須藤正彦裁判長の補足意見をみれば、X が「租税回避」の意思をもって住所を香港に移転させようとした事例であると位置付けていることが判然とする。

すなわち、須藤裁判長は、次のように論じた。

> 「本件贈与の実質は、日本国籍かつ国内住所を有する B らが、内国法人たる本件会社の株式の支配を、日本国籍を有し、かつ国内に住所を有していたが暫定的に国外に滞在した X に、無償で移転したという図式のものである。」
> 「(X は) 国外に暫定的に滞在しただけといってよい〔。〕」

つまり、本件において、X は租税回避を目的として、香港に暫定的に滞在しただけのものであり、香港に定住する意思や永続的に居住する意思はなかった、と認定した事例であるとみることができる。

そうであるとすれば、そのような X の意思が明確に認定されているなかにあって、それでもなお、居住の事実のみを重視した判断を下したとすれば、上記④の判例の考え、すなわち、「単に滞在日数の多いかどうかによってのみ」、

「客観的施設の有無によってのみ」判断すべきでないとする説示に抵触するのではないかという疑問が生じるところである。

　一般に客観説が重視されるのは、その意思を客観的に明らかにすることが困難であるからであって、本件は、少なくとも、最高裁の裁判長自らが香港居宅に「暫定的に滞在しただけ」と明確に位置付けている事例である。この点は軽視されるべきではないように思われる。

8………租税回避の意図は「住所」認定に影響を与えるか

また、須藤裁判長は、補足意見において、次のように述べている。

> 　「一般的な法形式で直截に本件会社株式を贈与すれば課税されるのに、本件贈与税回避スキームを用い、オランダ法人を器とし、同スキームが成るまでに暫定的に住所を香港に移しておくという人為的な組合せを実施すれば課税されないというのは、親子間での財産支配の無償の移転という意味において両者で経済的実質に有意な差異がないと思われることに照らすと、著しい不公平感を免れない。国外に暫定的に滞在しただけといってよい日本国籍のＸは、無償で 1653 億円もの莫大な経済的価値を親から承継し、しかもその経済的価値は実質的に本件会社の国内での無数の消費者を相手方とする金銭消費貸借契約上の利息収入によって稼得した巨額の富の化体したものともいえるから……、一般的な法感情の観点から結論だけをみる限りでは、違和感も生じないではない。しかし、そうであるからといって、個別否認規定がないにもかかわらず、この租税回避スキームを否認することには、やはり大きな困難を覚えざるを得ない。けだし、憲法30 条は、国民は法律の定めるところによってのみ納税の義務を負うと規定し、同法 84 条は、課税の要件は法律に定められなければならないことを規定する。納税は国民に義務を課するものであるところからして、この租税法律主義の下で課税要件は明確なものでなければならず、これを規定する条文は厳格な解釈が要求されるのである。」

　ここでなぜ、贈与税回避スキームに対する「一般的な法感情」の問題を持ち出す必要があるのであろうか。すなわち、租税回避に対する「けしからん

罪」などないのであるから、このような説示は意味をなさないと思われる。ましてや、「国内での無数の消費者を相手方とする金銭消費貸借契約上の利息収入によって稼得した巨額な富の化体」などと説示する必要性は、さらに理解に苦しむ。このくだりは、問題の本質をぼやかす意味しか持ち合わせていないのではなかろうか。

　租税法律主義の見地から議論するべきであるのは当然で、問題は、租税法律主義の見地からみた場合に、「住所」概念をいかに理解し、いかに解釈・適用するかという場面で、果たして、租税回避の意図が「住所」の認定に何か影響を与えるのかという点につきる。

　再三述べるが、本件は租税回避を否認すべきか否かを問題とする事案ではない。したがって、そもそも、須藤裁判長のいうような「個別否認規定がないにもかかわらず、この租税回避スキームを否認することには、やはり大きな困難を覚えざるを得ない。」という問題ではない。

　この問題は、たとえば、子どもの越境入学のために家族が居住地を子どもの学区内に暫定的に移転した場合であっても、その移転先を生活の本拠と認定していいのかどうかという議論と同様の問題である。この場合、住所の認定に当たって越境入学の意図が「けしからん」かそうではないかが問われるわけではないということは理解しやすいであろう。

　このように、本質的な問題は、租税回避であるか否かということにあるのではなく、租税回避の意図をもって「国外に暫定的に滞在しただけ」であるのにもかかわらず、その認定された意思（租税回避という意図）を全く排除して、作出された滞在日数を基礎として「住所」認定をすることの是非である。

　「住所」認定において客観的に明らかとなっている意思を排除することもやむを得ないということにはならないはずである。「住所」認定に当たり、客観的に認められる意思を客観的事実にあわせて判断すべきか、あるいは、そのような意思を排除すべきかは、「租税法律主義」を根拠として説明するものでないことは明白である。

　そうであるにもかかわらず、本件最高裁は次のように説示しているのである。

> 「主観的に贈与税回避の目的があったとしても、客観的な生活の実体が消滅するものではない」。
>
> 「このことは、法が民法上の概念である『住所』を用いて課税要件を定めているため、本件の争点が上記『住所』概念の解釈適用の問題となることから導かれる帰結であるといわざるを得〔ない。〕」

　この点についての疑問は残されたままであるといえよう。

9………本節のまとめ

　本節では、相続税法上の「住所」概念の解釈が争点となった武富士事件を取り上げた。他の法領域から借用している概念の理解は、その概念を借りてきた元の法律における解釈に従うべきとする統一説によったとしても、かかる法律においていかなる理解がなされているかが明確ではないことがあり得る。「住所」については、近年その学説上の差異はなくなりつつあるといわれているところではあるが、学説は客観説と主観説に分かれている。民法上の「住所」を理解するために、民法上の判例がないなかでは、他の法領域における「住所」を争点とした判例のうち、どの判例に重きをおいて理解するかによって結論も大きく変わり得る。

　本件最高裁は、住所の認定に当たり「単に滞在日数の多いかどうかによってのみ」、「客観的施設の有無によってのみ」判断すべきものでもないとした最高裁昭和27年4月15日第三小法廷判決を採用しなかったのである。本件のような事例に鑑みると、借用概念に従えば結論が確定的に明確であるということはいえそうにない（前記引用の最高裁説示（130頁参照）には疑問が残る）。

　少なくとも、本件は借用概念（統一説）について判断が分かれた事例ではないという点を強調しておきたい。

　当事者のいずれも、借用概念であるとして、民法22条の「住所」概念として理解すべきであるとし、統一説に立っているのである。問題は、その際、客観的資料によって裏付けられた居住意思を生活の本拠の判断に織り込むべ

きか否かという点である。そして、その客観的資料の選定において、操作可能な居住日数を基準とすべきか否かが問題となったのである。

レベルアップ………住所複数説

　文理解釈を重視するからには、その当然の帰結として、租税法上の条文にどのように規定されているのかという点を丁寧に読み解く必要がある。その際、いかなる用語が使用されているのかという点への関心を抜きにして解釈論は成立し得ない。租税法律関係において、概念論が重視されるのはここに理由がある。

　そこでは、借用概念論が中心に議論されるが、通説である統一説に立つとしても、例外があることを再認識する必要があるように思われる。このことは、「住所」概念をいかに解するべきかという点について、民法の学説が採用している複数説に思いを致す必要があるように思われる。

　「住所」概念については、これを単数として捉えるのか複数として捉えるのかによって見解が分かれ得る。

🌷　「住所単数説」とは、人の住所は一つしかあり得ないという学説であり、かつては有力であった（梅謙次郎『訂正増補民法要義・巻之一総則編』60頁（有斐閣・1910）は、「我民法ニ於テハ住所ハ必ス１個ニ限ルノ主義ヲ執レルコト本条ノ規定ニ依リテ明カナリ」と論じられている。鳩山秀夫『増訂改版日本民法総論』109頁（岩波書店・1930）なども参照）。少なくとも昭和に入るまでは、これに対し異議を唱える学者は極めて稀であったといわれている（谷口知平＝石田喜久夫編『新版注釈民法(1)〔改訂版〕』338頁〔石田執筆〕（有斐閣・2002））。

🌷　「住所複数説」とは、第一次世界大戦後から台頭してきた学説である（我妻栄『新訂民法総則』95頁（岩波書店・1965）、柚木馨『判例民法総論〔上〕』252頁（有斐閣・1951）、松坂佐一『民法提要総則〔３版増訂〕』100頁（有斐閣・1981）、山中康雄『民法総則講義』136頁（青林書院・1955）、舟橋諄一『民法総則』57頁（弘文堂・1954）、四宮和夫『民法総則〔第４版〕』70頁（弘文堂・1985）、四宮和夫＝能見善久『民法総則〔第９版〕』83頁（弘文堂・2018）、幾代通『民法総則〔第２版〕』82頁（青林書院・1984）、石田喜久夫編『民法総則』45頁〔湯浅道男執筆〕（法律文化社・1985）、谷口＝石田編・前掲書406頁〔石田執筆〕、石田穣『民法総則』140頁（悠々社・1992）、辻正美『民法総則』99頁（成文堂・1999））。たとえば、末弘厳太郎博士は、「人の社会関係が段階的に複数的存在を

なしてゐる以上人の法律的存在も亦之を段階的複数的に認識するを至当とする。此見地より言へば住所複数説は寧ろ社会の実情に適合してゐる」と論じられる（末弘「住所に関する意思説と単一説」法学協会雑誌 47 巻 3 号 395 頁（1929））。

🌼　また、薬師寺志光教授は、「住所は事實上二つ以上存在することが出来る。換言すれば『生活ノ本據』（第 21 條）は同時に二つ以上存在することが出来ると考へる。蓋し、『生活ノ本據』とは『生活活動の中心點』だと云ふことには誰しも異存はあるまい。然るに人間の『生活活動』は理論上唯一つしか存在するを得ない幾何學上の『圓』とは異なる。人間の生活は多種多様である。『人間は多くの同價値の生活目的と生活圈とを持ち得る』（エルトマン氏獨逸民法註釋第 1 巻第 7 條 27 頁）。今或人が二個の異なる場所を本據として客観的に同一分量の生活活動を營む場合に於ては、此者は、二個の生活圈（Lebenskreise）又は活動圈（Betätigungskreise）を有するものと云わねばなるまい。而して、此各生活圈の中心點は孰れも、『生活ノ本據』に外ならないのである。」とされる（薬師寺「住所の複数」法学志林 25 巻 1 号 109 頁（1923））。

　複数説は、「特に第二次大戦後においては、今日の重層的・多面的に複雑な生活関係のもとでは、生活の中心は複数でありうるのであって、問題となった法律関係につき最も深い関係のある場所をもって住所とすべきである、との見解が圧倒的多数を占めるにいたった」といわれ（谷口＝石田・前掲書 406 頁〔石田執筆〕）、現在では複数説に異を唱える者は見当たらないようであると評価されている（平井一雄『民法拾遺（第 1 巻）』20 頁（信山社出版・2000））。

　このように、人の生活関係が多様になっている今日、民法学では、生活関係に応じて複数の住所を認めてよいとする複数説が有力であるといえよう（川井健『民法概論 1（民法総則）〔第 4 版〕』53 頁（有斐閣・2008））。

　要するに、複数説の考え方は、「問題となった人につき、問題となった法律関係に最も関連の深い場所を住所と認定すべき」というものであり（谷口＝石田・前掲書 406 頁〔石田執筆〕）、このことから、複数説は、住所相対説とか法律関係基準説と呼ばれることもある（幾代・前掲書 82 頁）。

　石田教授は、「文理的にも、『生活ノ本拠』を一般的生活の本拠、全生活の本拠と解すべき根拠はなく、……複数説をもって至当とすべきであろう。したがって、民法のみならず商法・民事訴訟法・国際私法・農地法・公職選挙法など各種の法領域に共通する単一の住所を画一的に構想すべきでないことはいうまでもないこととして、民法固有の領域においても、単一の住所を定める

必要はない」と論じられるのである（谷口＝石田・前掲書407頁〔石田執筆〕）。

　法律関係ごとに相対的に住所が決定されるべきとする民法の通説はいかなる意味を有するのであろうか。これは、法にはそれぞれの目的があるのであるから、1人の人間に関わりを有する「住所」の意味は、その関わりを有する法律の趣旨・目的に応じて考えればよいのであって、1人につきいかなる法律上の「住所」も同一箇所を指すというような硬直的な考え方をすべきではないということを示唆しているように思われる。まさに、このような考え方は、租税法の借用概念論における目的適合説を意味しているといってもよいであろう。

　「概念論」に通じていえることは、私法の概念の理解に合致させるという考え方を基軸としながらも、機械的な当てはめだけでは解決できないのであって、法条の趣旨・目的との関わりを無視しては解決されないということを改めて確認することができるように思われる。とかく自由な解釈が行われやすいという点から目的適合説には消極的態度をとる見解が有力ではあるが、その姿勢を堅持しつつ、統一説の限界を埋めるための目的適合説の検討が具体的事案の中でなされていくべきではないかと考える。このような解釈姿勢は、議会尊重主義の現れでもある。

13. 公法からの借用—住宅借入金等特別控除にいう「改築」

1………本節のポイント—租税特別措置法41条の「改築」の意義

　居住者が、現在の居住用建物を取り壊して、新たにその基礎（土台）に新しい家を建てた場合に、その家は「改築」された家というのであろうか。あるいは、「新築」された家というのであろうか。

　これが単なるネーミングの問題であれば、それほど深刻なことにはならないが、たとえば、建築工事費用のための借入金について、その建築が「改築」に該当すれば、租税特別措置法（以下「措置法」という）41条《住宅借入金等を有する場合の所得税額の特別控除》の住宅借入金等特別控除（いわゆる住宅ローン控除）の適用対象になり、「新築」に該当すれば、同控除の適用対象にならないという場合には、租税負担に大きな違いが生じるので、その違いを軽視することはできないであろう。向こう10年以上にわたって、税額控除を受けることができるかどうかは、当初の要件次第であるから、ここで「改築」に該当しないとなると、納税者にとっては、タックスメリットが完全に否定されてしまうことになる。

　租税法律主義のもと、その解決は当然に法律に求めるほかない。しかしながら、住宅借入金等特別控除を規定する措置法には、「改築」も「新築」も定義されていない。では、どのようにして、この問題を解決することができるであろうか。

> **建築基準法2条《用語の定義》**
> 　十三　建築　建築物を新築し、増築し、改築し、又は移転することをいう。

　この問題を解く鍵は、借用概念をどのように理解するかという点にありそうである。ここでは、上記のように、住宅の建替えが「改築」に当たるか否

かが争点とされたいわゆる「改築」事件第一審静岡地裁平成13年4月27日判決（税資250号順号8892）および控訴審東京高裁平成14年2月28日判決（訟月48巻12号3016頁）[2]を素材として、借用概念についてのより深い理解を得ることとしよう。

2………検討素材

―租税特別措置法41条の「改築」の意義が争われた事例（「改築」事件）

（1）　事案の概要

本件は、所有地上の建物を取り壊して新たに建物を建築したX（原告・控訴人）が、平成9年分の所得税について、その建築が措置法41条にいう「改築」に該当し、住宅借入金等特別控除（以下「本件特別控除」という）の適用があると考え確定申告したところ、税務署長Y（被告・被控訴人）から、同年分の所得税についての更正処分および過少申告加算税の賦課決定（以下、両者あわせて「本件各処分」という）を受けたため、その取消しを求めた事案である。

Xは、S市に宅地および同地上に鉄骨造亜鉛メッキ鋼板葺2階建て店舗兼居宅を所有し居住していたが、道路拡張のため上記土地のうち一部が買収され、旧建物をそのまま使用できなくなった。そこで、Xは、旧建物を取り壊し、その残地に鉄骨造アルミニウム板葺3階建て店舗兼居宅（以下「本件建物」という）を建築し（この旧建物の取壊しと本件建物の建築をあわせて、以下「本件建築」という）、居住の用に供することとした。

Xは、平成10年3月13日、本件建築は「改築」に該当するので、本件特別控除の適用があるものとして納付すべき税額を計算して、Yに対し平成9年分の所得税について確定申告をしたところ、Yは上記控除の適用はないものと判断して、同年5月13日付けでXに対し本件各処分をした。

2）判例評釈として、岩﨑政明・ジュリ1252号193頁（2003）、酒井・ブラッシュアップ60頁など参照。

（2）　争点

本件の争点を整理しよう。

本件特別控除の適用の有無は、措置法 41 条に規定されている要件を充足しているか否かにより判断されることになる。ここでは、同条の要件を一つひとつ抽出して、その適用の有無について検討をするのではなく、建替え建築たる本件建築が同法にいう「改築」に該当するか否かの争点を取り上げることとする。

🌸　現行の措置法 41 条の規定では、「新築」の場合にも本件特別控除の適用があるのであるが、平成 11 年改正前の旧措置法施行令 26 条 1 項が「新築」の場合には本件特別控除の適用要件として床面積が 50 平方メートル以上 240 平方メートル以下という条件を規定していたため、「増築」の場合と比べ、本件特別控除の適用について制限を受けていた。

（3）　Ｙの主張

本件において、Ｙは、次のように、租税法が条文のなかで用いる概念（用語）につき、他の法分野で用いられている概念であれば、他の法分野における概念と同様の意味で理解すべきとの主張を展開した（借用概念論統一説）。

> 「租税法の解釈にあたり、税法以外の法分野で用いられている法律用語が租税法の規定中に用いられている場合には、法的安定性の見地から、両者は同一の意味内容を有していると解すべきである。
> また、現行の租税に関する法規は私法的な法秩序に規制された経済活動を前提として、これとの調整の下にその独自の行政目的を達成することを基本的な建前として立法されているから、現行の租税に関する法規が、一般私法において使用されていると同一の用語を使用している場合には、特に租税に関する法規が明文をもって他の法規と異なる意義をもって使用されていることを明らかにしている場合若しくは租税法規の体系上他の法規と異なる意義をもって使用されていることが明らかな場合、又は、特に他の法規と異なる意義をもって使用されていると解すべき実質的な理由がない限り、私法上使用されている概念と同一の意義を有する概念として使用されているものと解するのが相当である。」

そのうえで、Yは、措置法は税額控除を認める例外的規定であり、租税負担公平の原則から不公平の拡大を防止するため、解釈の狭義性・厳格性が要請されると解すべきであり、本件においても厳格な解釈運用が求められると論じている（租税特別措置規定の解釈の厳格性については、**2.** の **4**(15頁)参照）。

また、以下の点に照らして、「措置法41条1項、3項に規定する『改築』とは建築基準法上のそれと同一に解するのが相当である。」と主張した。

① 措置法施行令が、措置法41条の「工事」につき「増築、改築、建築基準法第2条第14号に規定する大規模の修繕又は同条第15号に規定する大規模の模様替」と規定し、その条文自体に建築基準法を引用していること
② 「国税庁・昭和63年改正税法のすべて」における用語の解説においても、措置法の「改築」の意義は建築基準法上のそれと一致していること
③ 本件特別控除の適用を受ける場合の添付書類を定めた措置法施行規則によれば、建築基準法の規定による確認の通知書の写しもしくは検査済証の写し等を確定申告書に添付することが規定されていること

さらに、措置法41条の「改築」とは、建築基準法と同様に「用途・規模・構造の著しく異ならない建築物を造ること」をいうと主張した。

「建築基準法上の『改築』(同法2条13号)とは、建築物の全部若しくは一部を除去し、またはこれらの部分が災害によって滅失した後引き続いてこれと用途、規模、構造の著しく異ならない建築物を造ることをいい、増築、大規模修繕等に該当しないものをいうと解されるのであるから、措置法41条1項、3項に規定する『改築』についても同義に解するのが相当である。」

「この点、Xの旧建物と本件建物との間には……差異があり、特に旧建物が2階建であるのに対し、本件建物は3階建であるため、旧建物と本件建物とは構造において著しく異なっているのであるから、本件建築は『改築』に該当しないというべきである。」

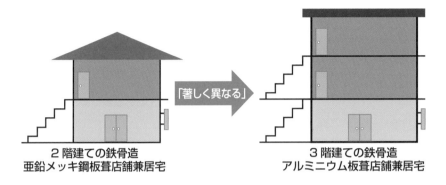

2階建ての鉄骨造
亜鉛メッキ鋼板葺店舗兼居宅

「著しく異なる」

3階建ての鉄骨造
アルミニウム板葺店舗兼居宅

(4) Xの主張

　Yが措置法41条の「改築」が建築基準法からの借用概念であり、同法と同様に解釈すべきであると主張したのに対して、Xは、真っ向から対立した。Xは、まず、措置法41条の「改築」概念につき、建築基準法のそれと同義に理解すべきではないという。

> 　「建築基準法上の『改築』とは建築基準法独自の要請に基づき解釈されるべきものであり、他方、措置法41条は住宅建設の一層の促進を図ることを目的とするものであるから、同法〔ママ〕1項、3項に規定する『改築』について建築基準法上のそれと同一に解する必然性はない。」
> 　「措置法は本件特別控除の適用要件を厳格に定めているところ、Y主張のように『改築』の意味を建築基準法と同様に制限的に解釈した場合、『改築』について本件特別控除の適用を認めた目的、趣旨が没却される結果となりかねない。」

　そして、Yが、建築基準法に従って導出した「改築」であるかどうかは、「著しく異ならない」という要件の充足が必要であると主張している点について、次のように反論している。

> 「Ｙが主張する『改築』の意義のうち、『著しく異ならない』という部分は
> 曖昧であり、実質的には新たな課税要件を追加することと同様であるが、
> 措置法等にも規定されていない要件を解釈として導入することは租税法律
> 主義の観点からいっても到底許されるべきではない。」

　このようにして、「措置法41条1項、3項に規定する『改築』については建
築基準法のそれと同一に解するのは相当ではない。」とし、本件建築は「改
築」に当たり、本件特別控除の適用は認められるべきであると論じるのであ
る。

> 「措置法41条1項、3項に規定する『改築』については、用語の通常有
> する意味である『建物の全部又は一部を建てかえること』をいうものと解
> するのが相当である。
> 　そうであれば、本件建築は措置法41条1項、3項の『改築』に該当する
> ものであり、したがって、Ｙが、本件建築について本件特別控除のないも
> のと判断してなした本件各処分は違法である。」

　このように、本件では、措置法41条の「改築」について、建築基準法上の
「改築」と同義に理解すべきかどうかという点で、当事者の見解が対立してい
ることがわかる。

■図表2　当事者の主張の対立構造

	措置法41条にいう「改築」	本件建築
Ｙの主張	建築基準法上の「改築」と同義である	「改築」に該当しない
Ｘの主張	建築基準法上の「改築」と同義ではない	「改築」に該当する

　さて、どちらの主張が妥当であろうか。

3········静岡地裁平成 13 年 4 月 27 日判決

第一審静岡地裁判決は、次のように論じて、課税処分を適法と判示した。

> 「措置法 41 条の本件特別控除の対象に『増改築等』が加えられた昭和 63 年当時、建築基準法上の『改築』とは、『建築物の全部若しくは一部を除去し、またはこれらの部分が災害によって滅失した後引き続いてこれと用途、規模、構造の著しく異ならない建築物を造ることをいい、増築、大規模修繕等に該当しないもの』と解されていたものであり、既に明確な意味内容を有していたことが認められ、他方、措置法上明文をもって他の法規と異なる意義をもって使用されていることを明らかにする特段の定めは存在せず、また、本件全証拠をもってしても、租税法規の体系上他の法規と異なる意義をもって使用されていると解すべき実質的な理由も認められないことから、措置法 41 条にいう『改築』の意義については建築基準法上の『改築』と同一の意義に解すべきである。」

これは Y が主張する見解と同様である。

12. でも述べたところであるが、金子宏東京大学名誉教授が指摘されるように、租税法における用語について目的論的解釈を行う場合には、法的安定性や予測可能性が損なわれるという懸念が伴うことは否めないであろう（金子「租税法と私法」租税 6 号 11 頁（1978））。

学説の対立はあるものの、通説は、予測可能性や法的安定性の観点から、統一説に従い、他の法分野での用語の意味にあわせて解釈をすべきという見解に立っている。

そうであるとすると、本件の場合、Y が建築基準法上の「改築」の意義にあわせて、措置法上の「改築」も理解すべきとした主張は妥当であるということになるのであろうか。本件静岡地裁は、そのように考えているように思われる。

4………東京高裁平成 14 年 2 月 28 日判決

　これに対し、控訴審東京高裁判決は、次のように判示している。

　　　「法令において用いられた用語がいかなる意味を有するかを判断するに
　　あたっては、まず、法文自体から用語の意味が明確に解釈できるかどうか
　　を検討することが必要であり、法文から用語の意味を明確に解釈できない
　　場合には、立法の目的及び経緯、法を適用した結果の公平性、相当性等の
　　実質的な事情を検討のうえ、用語の意味を解釈するのが相当である。」
　　　「Y は、……措置法 41 条の『改築』は、建築基準法の『改築』からの借
　　用概念であり、これと同義に解すべきであると主張する。しかし、……措
　　置法施行令が『大規模の修繕』及び『大規模の模様替』について建築基準
　　法を引用しながら、『改築』について建築基準法を引用していないのは、『改
　　築』については建築基準法と同義に解するものでないことを前提としてい
　　るともいい得るのである。」「措置法 41 条の『改築』が建築基準法の『改
　　築』と同義であると断ずることもできないといわなければならない。」

　このように、本件東京高裁は、措置法 41 条の「改築」概念を理解するに当
たって、そもそも建築基準法が前提とされているとする Y の見解について、
懐疑的な姿勢をみせている。

　　　「また、Y は、税法以外の法分野で用いられている法律用語が税法の規定
　　中に用いられている場合には、法的安定性の見地から、両者は同一の意味
　　内容を有していると解すべきであり、租税に関する法規が、一般私法にお
　　いて使用されていると同一の用語を使用している場合には、通常、一般私
　　法上使用されている概念と同一の意義を有する概念として使用されている
　　ものと解するのが相当であると主張する。しかし、『改築』という用語は、
　　建築基準法にのみ使用されている用語ではなく、たとえば借地借家法にお
　　いても使用されている用語である。したがって、Y の主張を前提としても、
　　措置法 41 条の『改築』が建築基準法の『改築』と同義であるという結論を
　　導き出すことはできない。むしろ、Y の主張するところを前提とすると、

措置法 41 条の『改築』は、公法である建築基準法の『改築』ではなく、一般私法の一つである借地借家法の『改築』と同義に解すべきであるということになる。

　以上によれば、措置法、措置法施行令及び措置法施行規則の法文上、措置法 41 条に定める『改築』の意義が明確であるとはいい難く、少なくとも、措置法 41 条の『改築』が建築基準法の『改築』と同義であることが法文上明確であるといえないことは明らかである。」

　私法準拠という考え方を基礎に借用概念を考えるとしても、また予測可能性を担保することが要請されるという文脈で借用概念を考えるとしても、私法からの借用ということが借用概念論の前提にあるとすれば、借地借家法上の概念に合わせて解釈をすべきとする本件東京高裁の考え方には理があるというべきであろう（もっとも、借地借家法にも「改築」の意義を明らかにする糸口はない）。このような説示のうえで、同高裁は、措置法 41 条の「改築」を建築基準法の「改築」と同義に解すべき実質的な理由があるか否かについて、次のように検討する。

　「建築基準法上の『改築』は、『建築物の全部若しくは一部を除去し、またはこれらの部分が災害によって滅失した後、引き続いてこれと用途、規模、構造の著しく異ならない建築物を造ることをいい、増築、大規模修繕等に該当しないものをいう』と解されている。これは、通常の言葉の意味における『改築』と比較して、『改築』という言葉を限定された意味に解釈するものである。

　建築基準法は、国民の生命、健康、財産の保護や公共の福祉の増進を目的とする法律であり（同法 1 条）、その目的を達成するため、一般的に建築の際に建築確認を必要としている（同法 6 条 1 項）。そして、その例外として、小規模な改築については建築確認が必要ないものとしている（同条 2 項）。これは、そのような改築が、防火、安全、衛生等の面において、新たな危険性を生ぜしめるものではないからであると解される。小規模な改築であっても、用途、規模、構造等が異なる結果、それが新たな危険性を

生ぜしめるものであれば、建物の安全性その他の点について調査確認するために建築確認が必要となる。建築基準法上の『改築』が、前記のように限定された意味に解釈されるのはそのためである。」

　このように建築基準法において「改築」が用途、規模、構造によって画されているのは、同法に特有の理由があるからであると論じている。この点が、本件東京高裁判決の判断のポイントであるといえよう。

　　「それでは、このように限定された建築基準法の『改築』の概念を、措置法が借用し、用途、規模、構造が著しく異なるかどうかで『改築』かどうかを判断する実質的な理由があるであろうか。
　　まず、用途については、措置法は、当該建物の床面積の２分の１以上に相当する部分が居住の用に供されるものであることを要件としているだけで、他の要件は定めていない。これは、措置法が、建物の主たる用途が住宅であることだけを本件特別控除適用の要件とし、他の部分の用途については問題としていないことを意味する。
　　次に、規模については、措置法は、床面積の上限及び下限を規定しているだけで、従前の建物との関係については何ら規定していない。これは措置法が従前の建物と建て替え後の建物の床面積の違いを問題にしていないことを意味する。
　　また、構造についても、措置法は、従前の建物との関係については何らの規定も設けていない。優良な住宅ストックの確保という措置法の目的からすると、建て替え後の建物がより強固な構造である場合に、措置法上、新築であるとして、より不利益な扱いを受けることは合理的ではない。
　　このようにみてくると、用途、規模、構造が著しく異なるかどうかで、措置法の適用の有無を区別する実質的な理由あるいは合理的な理由はなく、建築基準法の『改築』の概念を借用する実質的な根拠はないといわなければならない。」

　そして、本件東京高裁は、本件特別控除の適用において、「用途」「規模」「構造」によって、「改築」に該当するかどうかを判断する合理的な理由はな

いとする。それどころか、「むしろ、構造について先に検討したところからすると、建築基準法の概念を借用することは、優良な住宅ストックの確保という措置法の本来の目的に反する結果をもたらすとさえいえるのである。」と論じているのである。

　控訴審において、Ｙは、本件特別控除はその創設時においては「新築」のみを適用の対象としており、その際「新築」が建築基準法からの借用概念であったから、後に適用の対象とされた「改築」も建築基準法からの借用概念であると主張していた。そして、本件特別控除の創設時において対象とされた「新築」が建築基準法からの借用概念であった理由として、建築基準法上の通知書が本件特別控除適用のための添付書類とされていたことを指摘していた。これに対して、同高裁は次のように述べてＹの主張を排斥した。

　「しかし、建築基準法上の通知書等が添付書類とされていることが措置法41条の用語が建築基準法上の用語と同義である理由とならないことは前記のとおりである。そうすると、本件特別控除創設時において『新築』が建築基準法からの借用概念であったとする根拠はないのであって、Ｙの主張はその前提を欠くものである。」

　結論として、本件東京高裁は、「改築」が建築基準法からの借用概念か否かについて、同法からの借用概念ではないとした。

　ところで、本件東京高裁がいうように、建築基準法からの借用概念ではないとすると、固有概念ということになるのであろうか。租税法上の概念には、借用概念と固有概念しかないと考える見地を二分論というのに対して、それ以外に「一般概念」たるものがあるとする考え方を三分論という。同高裁は、この点につき、三分論に立って次のように論じている。

　「税法中に用いられた用語が法文上明確に定義されておらず、他の特定の法律からの借用概念であるともいえない場合には、その用語は、特段の

事情がない限り、言葉の通常の用法に従って解釈されるべきである。なぜなら、言葉の通常の用法に反する解釈は、納税者が税法の適用の有無を判断して、正確な税務申告をすることを困難にさせる。そして、さらには、納税者に誤った税務申告をさせることになり、その結果、過少申告加算税を課せられるなどの不利益を納税者に課すことになるからである。」

そして、一般概念の理解として、本件東京高裁は次のように断じている。

「言葉の通常の意味からすると『改築』とは、『既存の建物の全部または一部を取り壊して新たに建物を建てること』であり、『改築』と異なる概念としての『新築』とは、『新たに建物を建てることで「改築」を含まないもの』であるということができる。

　この解釈が、持家取得の促進と良質な住宅ストックの形成を図るとともに、住宅投資の活発化を通じた景気刺激策として、所得税額から一定額を控除するという本件特別控除の趣旨・目的に反する結果をもたらすとは考え難い。」

■ 図表3

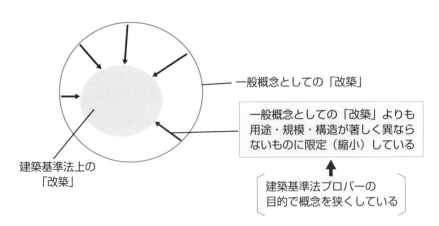

一般概念としての「改築」

一般概念としての「改築」よりも用途・規模・構造が著しく異ならないものに限定（縮小）している

建築基準法プロパーの目的で概念を狭くしている

建築基準法上の「改築」

■ 図表4　本件東京高裁判決の考え方

| 改築 | ＝ | 既存の建物の全部または一部を取り壊して
新たに建物を建てること | ← 先取り |

| 新築 | ＝ | 新たに建物を建てることで「改築」を含まないもの |

　Yは、「改築」を社会通念上の用法に従って解釈することになると、「改築」に該当するかどうかを一義的に解釈することが不可能になり、租税行政に大きな支障が生じ、かつ租税負担の公平に反する結果をもたらすことになりかねないとも主張していたが、結論として、本件東京高裁は次のように論じ、Yの主張を斥けている。

> 「確かに、既存の建物を取り壊した後、しばらく経ってから新しい建物を建築した場合に、それが『改築』であるのか『新築』であるのかの判断が困難になることは予想されるところである。そして、Yのいう『改築』概念でもそのようなことが起こりうる。しかし、それは社会通念上相当な期間を定めて『改築』か『新築』かを区別し、統一的に運用すればよいことである。」
> 「以上によれば、本件建築が措置法41条の『改築』に該当せず、本件特別控除の適用がないことを前提とした本件各処分は、措置法41条の解釈を誤ったものであって、取消を免れない。」

5………本節のまとめ

　上記のように、本件東京高裁判決は、措置法41条の「改築」について、二分論ではなく三分論に立って、一般概念として理解していると考えられる。

　本件東京高裁の理解は、法律には法律の趣旨・目的があるのであって、租税法上の概念を理解するに当たっては、そのような趣旨や目的を無視して、

単に借用概念であるとしてこれを他の法律と同様の意義に捉えることに対する疑問を提示したものともいえよう。

　このような考え方は、**12.** で紹介した目的適合説の理解に近いが（111頁参照）、法律の趣旨や目的を考慮に入れるとした場合に、そもそも検討している「他の法分野」が公法であるのか、あるいは私法であるのかという点は極めて重要である。

　すなわち、公法の場合は、私法とは異なり、「法条」そのものが特別の公法上の目的に基づいて構築されることが多いのであるから、当該法条に使用されている概念の意味についても、当然にその目的の制約を受けることを念頭におく必要があると思われる。

　ここで取り上げた本件東京高裁判決は、機械的、無批判的あるいは無制限的に借用概念であるとして論ずることに警鐘を鳴らしたものとみることができよう。

■ 図表 5　本件東京高裁判決の三分論

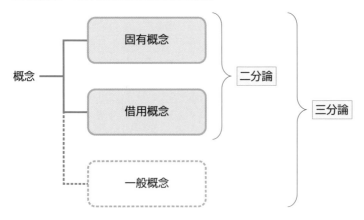

14. 会計からの借用—オウブンシャホールディング事件

1………本節のポイント—法人税法 22 条 2 項の「取引」の意義

これまで論じてきたように、租税法律主義のもと、租税法の解釈に当たっては優先的に文理解釈によるべきとする考え方が支配的である。また、そのことの帰結として、法条の読み方についても、条文に用いられている概念（用語）の意義をどのように理解するかが重要となるため、この点が争われる事案は決して少なくない。そして、租税法中に用いられている概念は固有概念と借用概念に分類することができるが（**13.** で触れたとおり、三分論の立場から「一般概念」を捉える考え方もあり得る）、その多くは借用概念であるといえよう。もっとも、ある用語が租税法固有の概念ではなく借用概念であると捉えたとしても、はたしてどこから借用してきたのかという点が議論される。

13. では、この点について、公法からの借用概念と解するべきかが争われた事例を素材にみたが、ここでは、法人税法 22 条 2 項に用いられている「取引」という概念の意義をどのように解すべきかが争点の一つとなった、いわゆるオウブンシャホールディング事件第一審東京地裁平成 13 年 11 月 9 日判決（訟月 49 巻 8 号 2411 頁）、控訴審東京高裁平成 16 年 1 月 28 日判決（訟月 50 巻 8 号 2512 頁）および上告審最高裁平成 18 年 1 月 24 日第三小法廷判決（集民 219 号 285 頁）[3] を素材として、会計からの借用概念の可能性について考えてみたい。

> **法人税法 22 条**
> 　内国法人の各事業年度の所得の金額は、当該事業年度の益金の額から当該

---

[3] 判例評釈として、品川芳宣・税研 127 号 93 頁（2006）、高野幸大・民商 135 巻 1 号 238 頁（2006）、渕圭吾・租税判例百選〔第 5 版〕100 頁（2011）、太田洋・租税判例百選〔第 7 版〕106 頁（2021）など参照。

2………検討素材─オウブンシャホールディング事件

（1）　事案の概要

　内国法人であるX社（原告・控訴人・上告人）は、その保有するA社株式等を出資してオランダに100％出資の外国子会社B社を設立し、B社の株主総会において、新たに発行する株式の全部をX社の関連会社であるオランダ法人C社に割り当てる決議を行った。これに対し、新株の発行は著しく有利

■図表1　事案の概要

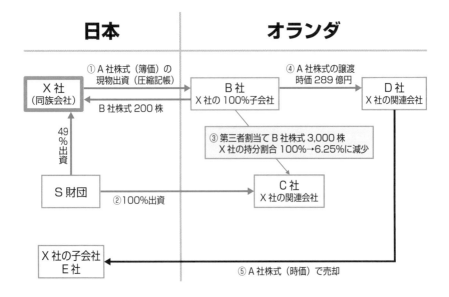

な価額でC社に割り当てられたもので、これによりX社が保有するB社株式の資産価値を何ら対価を得ずにC社に移転させたとして、税務署長Y（被告・被控訴人・被上告人）は、その移転した資産価値相当額をC社に対する寄附金と認定し、X社の法人税の更正処分および過少申告加算税の賦課決定処分をした。

本件は、X社が、上記更正処分のうち納付すべき税額を超える部分および上記賦課処分はいずれも違法であるとしてその取消しを求めた事案である。

以下、「取引」の概念に関する部分を中心に、この事件をみてみよう。

(2) 争点

本件の争点は、X社の決議した新株有利発行が法人税法22条2項の「取引」に当たるか否かである。

(3) X社の主張

本件におけるX社の主張の骨子は次のとおりである。

> 法人税法22条4項は、法人税の簡素化を目的として創設された規定であるから、同項が規定する会計処理の基準は、広く一般社会において確立された会計処理基準でなければならず、一般社会において確立された会計慣行が公正妥当と認められない場合には、税法上に「別段の定め」を設けて初めて当該会計慣行を排除して税法独自の所得金額の計算原理を適用できるのである。

X社の主張を分析してみよう。

まず、法人税法が所得金額の計算に当たり企業会計の基準によるべきとするいわゆる公正処理基準を謳った法人税法22条4項の解釈により、B社における新株の有利発行によって生じたB社株式の含み益をX社の益金に算入する根拠はないと主張するところから始まる（第一審における主張）。

> 「第三者に対する新株の有利発行により旧株式の含み益が減少しても、旧株主において減少した当該含み益が実現されたものとして、旧株式の帳簿価格を評価替えして評価益を計上することはない。すなわち、『一般に公正妥当と認められる会計処理の基準』によっても、<u>第三者に対する新株の有利発行の際、旧株式の含み益が減少したとしても、旧株主において当該含み益が実現されたものとはされていない。</u>」

　このように、X社は、企業会計においては、「第三者に対する新株の有利発行の際、旧株式の含み益が減少したとしても、旧株主において当該含み益が実現されたものとはされていない」との主張をした。

> 「そして、法〔筆者注：法人税法。以下同じ。〕において、第三者に対する新株の有利発行により、旧株主の株式の含み益が減少しても、旧株主において、減少した当該含み益が実現したものとみなして『益金』に算入させる旨の『別段の定め』は存在しない。
> 　したがって、仮に、本件増資がC社への第三者に対する新株の有利発行に該当するとしても、本件増資により、旧株主であるX社が保有するB社株式200株について、減少相当額の含み益が実現したとして当該含み益を益金に算入することはできない。」

　上記のように、X社は、法人税法内に「別段の定め」がないことを前提として、旧株主において含み益を実現したとは扱わない企業会計の考え方が支配していると論じる。
　また、X社は、法人税法22条2項の「取引」の意義について次のように主張する（控訴審における主張）。

> 「(イ)　法22条2項は、すべての無償による資産の譲渡又はその他の無償取引から必ず益金が発生する旨を規定しているのではなく、同条4項の『一般に公正妥当と認められる会計処理の基準』に従って益金を計算す

るに際し、『無償による資産の譲渡』又は『その他の無償取引』から益金が発生する場合があり得ることを規定しているにすぎない。

　（ウ）　会計学上、利益の実現があったといえるためには『資産』の移転がなければならないとされ、『資産価値』の移転だけでは、利益の実現が生じない。

　（エ）　法22条2項の『取引』について税法上格別の規定がない以上、その意味は、一般私法におけるのと同じと解すべきである。」

　このように、X社は、法人税法22条2項の「取引」は、格別の規定がないのであるから一般私法におけるのと同じ意義、すなわち私法からの借用概念であると解すべきと主張しているようである。

（4）　Yの主張

　次に、Yの主張をみてみよう（第一審における主張）。

　「本件増資新株の発行に関する条件は、X社の意思によりいかようにも定めることができたものであり、既存株主であるX社は、保有していたB社株式の価値のうち255億7926万6285円を何らの対価を求めることもなく新株主であるC社に移転させた。したがって、本件決議は、X社が保有するB社株式の価値の一部をC社に贈与する行為にほかならない。これは、法においては、同価値を時価により実現したものと解すべきであるから、X社から社外流出した限度において、法22条2項の『無償による資産の譲渡……その他の取引……に係る……収益』（以下『無償取引に係る収益』という。）として課税の対象となるものである。」

　上記のように、Yは、X社が行ったB社株主総会における決議は、X社が保有する資産価値の一部をC社に贈与する行為にほかならないとして、法人税法22条2項の要件を満たすと主張した。すなわち、同条項にいう「無償による資産の譲渡……その他の取引」に該当するというのである。

　そして、X社の主張は、法人税法22条4項の公正処理基準を企業会計と

同視する前提において誤っているとしたうえで、次のように論じている（控訴審における主張）。

> 　「法22条2項が、法人の有償又は無償による資産の譲渡等に係る収益を益金に算入する旨定める趣旨は、法人が管理支配権を行使して資産価値を他に移転し、資産が法人の支配を離脱し、他に移転する際、これを契機として顕在化した資産の経済的価値の担税力に着目して清算課税しようとするもので、上記規定は、いわゆるキャピタル・ゲインに対する課税を定める。」
> 　「資産の譲渡又はその他の取引とは、法人が資産に対する管理支配権を行使してその資産価値の全部又は一部を他に移転すること、すなわち所得を構成する資産の増加を認識すべき一切の場合を意味し、法律行為的な取引に限定されない。」

　Yは、法人税法22条2項にいう「資産の譲渡」または「その他の取引」とは、所得を構成する資産の増加を認識すべき一切の場合を指すというのである。

　ここが、「取引」概念の理解においてX社とYの主張の最も大きく異なる点であるといえよう。すなわち、X社は、「取引」とは法律概念であるとするのに対して、Yは、法律概念とは捉えていない。Yは、明示的に主張はしていないものの、借用概念ではないと解しているのであろうか。

■ **図表2　当事者の主張の対立**

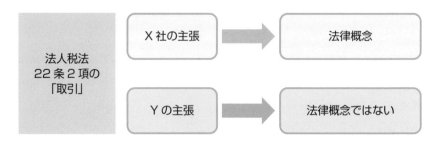

3⋯⋯⋯東京地裁平成 13 年 11 月 9 日判決

第一審東京地裁判決は、本件増資は、B 社と、有利な条件で B 社から新株の発行を受けた C 社との間の行為にほかならず、X 社は C 社に対して何らの行為もしていないというほかないとして、更正処分を違法と認定した。

4⋯⋯⋯東京高裁平成 16 年 1 月 28 日判決

これに対して、控訴審東京高裁判決は、次のように判示して X 社の主張を排斥した。

> 「認定事実の下においては、B 社における上記持株割合の変化は、上記各法人及び役員等が意思を相通じた結果にほかならず、X 社は、C 社との合意に基づき、同社からなんらの対価を得ることもなく、B 社の資産につき、株主として保有する持分 16 分の 15 及び株主としての支配権を失い、C 社がこれらを取得したと認定評価することができる。そして、X 社が上記資産に係る株主として有する持分を C 社からなんらの対価を得ることもなく喪失し、同社がこれを取得した事実は、それが両社の合意に基づくと認められる以上、両社間において無償による上記持分の譲渡がされたと認定することができる。」

そして、本件東京高裁は、X 社と C 社の間における無償による上記持分の譲渡は、法人税法 22 条 2 項に規定する「無償による資産の譲渡」に当たると認定判断することができるとしたうえで、同条項の「取引」の意義について、次のように論じている。

> 「上記規定にいう『取引』は、その文言及び規定における位置づけから、関係者間の意思の合致に基づいて生じた法的及び経済的な結果を把握する概念として用いられていると解せられ、上記のとおり、X 社と C 社の合意に基づいて実現された上記持分の譲渡をも包含すると認められる。そして、

> 本件において、法22条2項に規定する無償による『資産の譲渡』又は『その他の取引』は、遅くも〔ママ〕、C社により引き受けた増資の払込みがされた時に発生したと認められる。」

　本件東京高裁は、法人税法22条2項の「取引」とは、「関係者間の意思の合致に基づいて生じた法的及び経済的な結果を把握する概念」と解されるとする。すなわち、ここにいう「取引」について、X社が法律概念であると主張するのに対し、Yは法律概念ではないと反論し、むしろ経済的概念であると捉えていたのであるが、同高裁は、法律概念でもあり、経済的概念でもあると論じたのである。

5………最高裁平成18年1月24日第三小法廷判決

　X社は控訴審の判断を不服として上告を行った。これに対し、上告審最高裁判決は、上告を棄却した。しかしながら、同最高裁は次のように説示しており、原審東京高裁の説示を否定したものとはいえないと思われる。

> 「このような利益を、C社との合意に基づいて同社に移転したというべきである。したがって、この資産価値の移転は、X社の支配の及ばない外的要因によって生じたものではなく、X社において意図し、かつ、C社において了解したところが実現したものということができるから、法人税法22条2項にいう取引に当たるというべきである。」

　以下では、本件東京高裁の説示を前提として考察を加えることとしよう。
　法人税法22条2項の「取引」を「関係者間の意思の合致に基づいて生じた法的及び経済的な結果を把握する概念」であると同高裁が位置付けたことは、X社とYが主張する法律概念であるか、あるいは経済的概念であるかという点よりもはるかに重要であるように思われる。

6………法人税法上の「取引」概念

　法人税法22条4項は、同条2項にいう「当該事業年度の収益の額」は、別段の定めがあるものを除き、「一般に公正妥当と認められる会計処理の基準に従って計算されるものとする。」と規定する。この規定ぶりからすれば、同条2項の「無償による資産の譲受けその他の取引で資本等取引以外のものに係る当該事業年度の収益の額」も、一般に公正妥当と認められる会計処理の基準に従って計算されることになるのである。このように考えると、同条項の「取引」という用語の意義は、企業会計の考え方に従って解釈されるべきという理解があり得るように思われる。

　この点につき、法人税法22条2項の「取引」は、会計からの借用概念であると論じる見解があるが、会計学では、「取引」について、どのように定義されているのであろうか。たとえば、角ヶ谷典幸教授は、簿記・会計上の「取引」を次のように定義する（安藤英義ほか編『会計学大辞典〔第5版〕』1060頁（中央経済社・2007））。

> 　「簿記上で取引とは、資産・負債・資本（純資産）の金額に変動を及ぼす一切の事象である。」

　また、広瀬義州教授は、次のように「取引」を定義する（広瀬『財務会計〔第13版〕』78頁（中央経済社・2015））。

> 　「簿記・会計で用いられる取引という用語は、資産、負債または資本を増減させる事象を意味している。」

　ところで、これまで解説してきたとおり、借用概念とは他の法律分野からの概念の借用をいうのであって、会計からの借用概念というものは本来あり得ない。しかしながら、そうであるからといって、会計にいうところの「取引」と同様の意味で理解すべきとする考え方が必ずしも否定されるわけでは

ない。すなわち、固有概念として理解することができないわけではないからである。この点について、検討を加えることとしよう。

🌸 この点につき、金子宏東京大学名誉教授は、「社会学・経済学・自然科学等、他の学問分野で用いられている概念と同じ概念を租税法が用いている場合は、借用概念ではなく、固有概念である」とする（金子・租税法〔第20版〕117頁（弘文堂・2015））。

　法人税法22条5項は、「資本等取引とは、法人の資本金等の額の増加又は減少を生ずる取引並びに法人が行う利益又は剰余金の分配……及び残余財産の分配又は引渡しをいう。」と規定している。この規定から、「取引」には、法人の資本金等の額の増加または減少を生ずる取引と、そうではない取引があると理解することができそうである。

■ 図表3

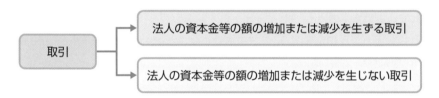

　すなわち、たとえば、利益準備金の資本組入れのような「資本金等の額の増加又は減少を生ずる取引」と、売掛金を現金で回収したというような「資本金等の額の増加又は減少を生じない取引」があるわけであるが、資本等取引には、前者のような取引が含まれると規定しているのである。

　このように、法人税法22条5項が、「法人の資本金等の額の増加又は減少を生ずる取引」と規定しているところから、「法人の資本金等の額の増加又は減少を生ずる取引以外の取引」が観念されると考えることは、条文解釈としては自然であるように思われる。

　次に、法人税法施行規則53条《青色申告法人の決算》をみてみたい。同条は、次のように規定する。

> **法人税法施行規則53条《青色申告法人の決算》**
>   法第121条第1項《青色申告》の承認を受けている法人（以下この章において「青色申告法人」という。）は、その資産、負債及び資本に影響を及ぼす一切の取引につき、複式簿記の原則に従い、整然と、かつ、明りょうに記録し、その記録に基づいて決算を行なわなければならない。

　ここでの「資産、負債及び資本に影響を及ぼす一切の取引」という規定ぶりは、前述の会計学にいうところの「簿記上で取引とは、資産・負債・資本（純資産）の金額に変動を及ぼす一切の事象である。」というような定義と極めて近似していることが判然とする。この点から考えると、なるほど、法人税法上の「取引」とは、簿記・会計にいうところの「取引」と同様に理解されているように思われる。

　この規定を前述の法人税法22条5項の解釈と同じように整理するとどうなるであろうか。

■ 図表4

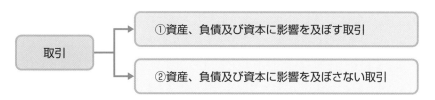

　このように、取引には、①「資産、負債及び資本に影響を及ぼす取引」と、そうではない②「資産、負債及び資本に影響を及ぼさない取引」があると理解することができそうである。

　はたして、このような理解が可能であるとすると、会計上の「取引」が、①「資産、負債及び資本に影響を及ぼす取引」にとどまるのに対し、法人税法上の「取引」には、会計上の「取引」以外の取引も含まれるということになるように思われる。

■ 図表 5

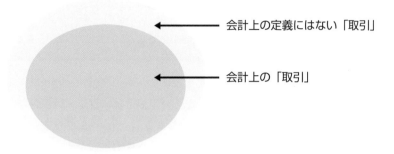

法人税法上の「取引」

会計上の定義にはない「取引」

会計上の「取引」

このような理解になるのであろうか。

7………固有概念としての「取引」概念

(1) 会計上の「取引」概念

　前述したとおり、会計学では、「取引」とは「資産・負債・資本（純資産）の金額に変動を及ぼす一切の事象である」と解されている。このような理解は、当事者間の契約が前提とされるであろう一般概念としての「取引」とは異なるものかもしれない。すなわち、会計上の「取引」とは「資産・負債・資本（純資産）の金額に変動を及ぼす一切の事象」というのであるから、取引要素説の 8 要素に従えば、図表 6 のような 16 のパターンが考えられる。

■ 図表 6　結合関係表

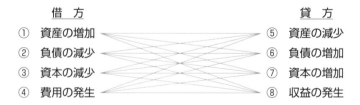

借　方		貸　方
① 資産の増加		⑤ 資産の減少
② 負債の減少		⑥ 負債の増加
③ 資本の減少		⑦ 資本の増加
④ 費用の発生		⑧ 収益の発生

取引要素説とは、複式簿記では取引が生じたとき、これをある勘定の借方と、他の勘定の貸方に記入するのであるが、この場合、いかなる勘定の借方あるいは貸方に記入するかを決定するに当たってのパターンを示すのが、取引要素説である（安藤ほか・前掲書1061頁）。簿記で行う仕訳とは、各取引を借方取引要素と貸方取引要素に分析することともいえよう。

　図表6の結合関係表に表れる一切の事象が会計上の「取引」であるとすると、そこにいう「取引」には、売買や金銭貸借はもちろん、火災・紛失等のような一般に取引とは称されない単純な事実も含まれることになる。他方、一般に「取引」に含まれるものと理解されている物品の賃貸借契約は、資産、負債および資本に価値変動を引き起こすことがないことから、会計上の「取引」には当たらないことになろう。例えば、刑事裁判において、検察官が求刑を軽減する代わりに被告人に罪を認めさせることを「司法取引」という。このような取引も一般的には取引と理解されているかもしれないが、会計上の「取引」には含まれない（図表7）。

　このように、会計上の「取引」は、必ずしも当事者の意思の合致を前提とするものと考えることはできないであろう。

■図表7

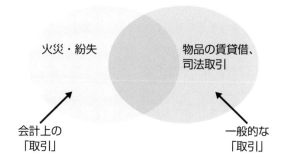

（2）　本件東京高裁判決にいう「取引」概念に対する疑問

　本件東京高裁判決は、法人税法22条2項にいう取引とは、「関係者間の意思の合致に基づいて生じた法的及び経済的な結果を把握する概念」と解され

ると論じている。このように考えると、前頁の図表7にいう一般的な「取引」の理解にやや近接したものとなるようにも思われる。すなわち、たとえば、物品の賃貸借は、関係者間の意思の合致に基づいて生じた法的および経済的な結果を把握する概念であるからである。

　ところで、法人税法22条3項3号は、損金の額に算入すべき金額として、「損失の額」を規定している。

法人税法22条
3　内国法人の各事業年度の所得の金額の計算上当該事業年度の損金の額に算入すべき金額は、別段の定めがあるものを除き、次に掲げる額とする。
一　当該事業年度の収益に係る売上原価、完成工事原価その他これらに準ずる原価の額
二　前号に掲げるもののほか、当該事業年度の販売費、一般管理費その他の費用（償却費以外の費用で当該事業年度終了の日までに債務の確定しないものを除く。）の額
三　当該事業年度の損失の額で資本等取引以外の取引に係るもの

　同条項3号は、損金の額に算入すべき金額として、損失の額で資本等取引以外の「取引に係るもの」と規定しているが、ここにいう「取引」には、火災や紛失が含まれると解されている（渡辺淑夫＝山本守之『法人税法の考え方・読み方〔4訂版〕』85頁（税務経理協会・1997）、武田昌輔『立法趣旨　法人税法の解釈〔新版〕』266頁（財経詳報社・1988））。現にそのように解釈しなければ火災等の損失の事実を課税計算に反映することができなくなるから、妥当な解釈であろう。

　つまり、法人税法22条3項3号の「取引」には、会計学において「取引」とされる火災や紛失といった、意思の合致に基づかない単純な事実も含まれて解釈されることになる。

　およそ同じ条文内における同じ概念を異なる意味に理解するのは自然ではないことからすると、法人税法22条2項と3項とで「取引」の概念が異なるものとするのは、正しい理解とはいいがたい（同一の法律内における同一の用語の解釈については、**16.** 参照）。そうであるとすると、同条2項の「取引」に

ついても、意思の合致を前提としないものが含まれると解することができる。

このように考えると、法人税法22条2項の「取引」概念には、意思の合致とは到底いえない火災や紛失が含まれると解されることになる。そうであるとすれば、同条項の「取引」を「関係者間の意思の合致に基づいて生じた……結果を把握する概念」とする本件東京高裁判決の説示には疑問が残るといわざるを得ない。

もっとも、このように「取引」概念の説示については問題があるとしても、本件東京高裁判決の「結論」に問題があるとまでは即断できない。なぜなら、法人税法22条2項の「取引」に火災や紛失が含まれると解したとしても、X社とC社の合意に基づいて実現された持分の譲渡が排除されるべきということにはならないからである。換言すれば、同条項の「取引」概念の理解を拡張的に捉えることが可能となっただけで、限定的に解釈すべきということにはならないのである（図表8）。

■ 図表8

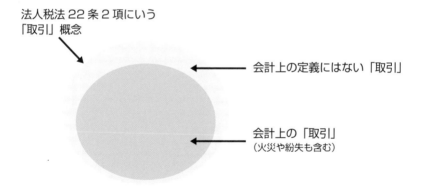

法人税法22条2項にいう
「取引」概念

会計上の定義にはない「取引」

会計上の「取引」
（火災や紛失も含む）

関係者間の意思の合致に基づいて生じた法的および経済的な取引を法人税法上の所得金額の計算に織り込むということは、税務調整に委ねることを意味するが、これは必ずしも記帳制度を否定するものではない。すなわち、記帳を前提としない「取引」概念を持ち込むことは、記帳制度を前提とする法人税法が同法施行規則53条において、青色申告法人に対して、「その資産、

負債及び資本に影響を及ぼす一切の取引につき、複式簿記の原則に従い、整然と、かつ、明りょうに記録し、その記録に基づいて決算を行なわなければならない。」と規定していることを否定するものでもなければ、制限をするものでもない。なぜならば、記帳制度はあくまでも帳簿体系内の問題であって、同規定が、税務調整を制限する趣旨を有するわけではないからである。

8………本節のまとめ

そもそも、法人税法が会計制度を前提とした仕組みを採用し、記録された取引を計算したうえで確定申告する制度を設けていることからすれば、会計帳簿に載らないものまで法人税法22条2項の「取引」と解するというのは理解しづらいところではある。しかしながら、法人税法が、いわゆる企業会計準拠主義を採用しているからといって、企業会計上のルールに全面的に依拠するというものではない。

本件東京高裁の判断には、概念の理解において租税法の思想が混入されるべき場合には、そのスクリーンにかけられることがあるとの思考が根底に流れているのかもしれない。

15. 固有概念—異なる租税法における同一の概念：
消費税法上の「事業」と所得税法上の「事業」

1………本節のポイント—消費税法上の「事業」と所得税法上の「事業」

　消費税法にいう「事業」の意義が問われた事例である第一審富山地裁平成15年5月21日判決（税資253号順号9349）および控訴審名古屋高裁金沢支部平成15年11月26日判決（税資253号順号9473）を素材に、各個別税法において共通して使用されている同じ概念（ここでは消費税法上の「事業」概念と所得税法上の「事業」概念）をどのように解釈すべきかという点を考えてみたい。

　本件では、消費税の趣旨・目的に照らすと、消費税法上の「事業」の意義は、所得税法上の「事業」概念と異なると判断されている。

> **消費税法2条《定義》**
> 　この法律において、次の各号に掲げる用語の意義は、当該各号に定めるところによる。
> 　一、二　（略）
> 　三　個人事業者　事業を行う個人をいう。
> 　四　事業者　個人事業者及び法人をいう。
> 　五〜十一　（略）
> 　十二　課税仕入れ　事業者が、事業として他の者から資産を譲り受け、若しくは借り受け、又は役務の提供……を受けること（当該他の者が事業として当該資産を譲り渡し、若しくは貸し付け、又は当該役務の提供をしたとした場合に課税資産の譲渡等に該当することとなるもので、第7条第1項各号に掲げる資産の譲渡等に該当するもの及び第8条第1項その他の法律又は条約の規定により消費税が免除されるもの以外のものに限る。）をいう。
> **消費税法4条《課税の対象》**
> 　国内において事業者が行った資産の譲渡等……には、この法律により、消費税を課する。

> 所得税法 26 条《不動産所得》
>   不動産所得とは、不動産、不動産の上に存する権利、船舶又は航空機（以下この項において「不動産等」という。）の貸付け（地上権又は永小作権の設定その他他人に不動産等を使用させることを含む。）による所得（事業所得又は譲渡所得に該当するものを除く。）をいう。
> 所得税法 27 条《事業所得》
>   事業所得とは、農業、漁業、製造業、卸売業、小売業、サービス業その他の事業で政令で定めるものから生ずる所得（山林所得又は譲渡所得に該当するものを除く。）をいう。

2⋯⋯⋯検討素材

―消費税法上の「事業」の意義が争われた事例

（1） 事案の概要

　本件は、X（原告・控訴人）が、代表者を務めていた有限会社 A 社に対する建物の賃貸は消費税法上の「事業」に当たらないとしてした消費税および地方消費税の更正の請求について、税務署長 Y（被告・被控訴人）が、平成 12 年 6 月 28 日付けで更正をすべき理由がない旨の通知処分をしたことに対し、その取消しを求めた事案である。

　X は、平成 10 年 1 月 1 日から同年 12 月 31 日までの課税期間（以下「本件課税期間」という）中、A 社に対し、A 社が工場等として使用する X 所有の工場、倉庫および事務所各 1 棟合計 3 棟の建物を、その敷地も含め月額 15 万円で賃貸していた（以下「本件賃貸」という）。

（2） 争点

　本件の争点は、本件賃貸が消費税法上の「事業」に当たるか否かである。

（3） 当事者の主張

　消費税法上、消費税は、「事業者」が行った課税資産の譲渡等に該当する場

合に課されるものであることから、X の行った本件賃貸が「事業」に該当しない限り課されないことになる。

そこで、X は、本件賃貸のような規模のものは消費税法上の「事業」には当たらないと主張した。その理由は、消費税法上の「事業」は所得税法上の「事業」と同じように規模によって判断すべきというものであった（図表 1）。

■ 図表 1

所得税法上の「事業」＝規模の違いに応じる概念としての「事業」→本件賃貸≠事業

これに対して、Y は、本件賃貸も消費税法上の「事業」に当たると主張した。Y は、消費税法上の「事業」と所得税法上の「事業」とは異なるというのである。

ここで、所得税法上の「事業」について、課税実務の考え方を確認してみよう。

> 所得税基本通達 26－9《建物の貸付けが事業として行われているかどうかの判定》
>
> 建物の貸付けが不動産所得を生ずべき事業として行われているかどうかは、社会通念上事業と称するに至る程度の規模で建物の貸付けを行っているかどうかにより判定すべきであるが、次に掲げる事実のいずれか一に該当する場合又は賃貸料の収入の状況、貸付資産の管理の状況等からみてこれらの場合に準ずる事情があると認められる場合には、特に反証がない限り、事業として行われているものとする。
>
> (1) 貸間、アパート等については、貸与することができる独立した室数がおおむね 10 以上であること。
>
> (2) 独立家屋の貸付けについては、おおむね 5 棟以上であること。

上記通達では、所得税法上の「事業」については、社会通念によってそれが事業的規模であるかどうかを判断するとし、事実推定的な取扱いとして、いわゆる 5 棟 10 室基準を示している。

このような実務慣行を前提とすると、本件賃貸は、所得税法上の「事業」

概念には当たらない程度の貸付け、すなわち業務的規模の貸付けであると思われる。

■図表2　所得税法上の「事業」

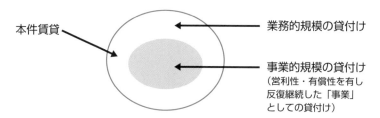

本件賃貸

業務的規模の貸付け

事業的規模の貸付け
（営利性・有償性を有し
反復継続した「事業」
としての貸付け）

前述のとおり、Y は、所得税法上の「事業」と消費税法上の「事業」の意義は異なると主張したのに対して、X は、両者の「事業」概念は同じであると論じている。ここで問題となったのは、租税法上の同じ用語（概念）について異なる解釈をすることがはたして許されるか否かという問題である。

この点について、Y は以下のように主張した。

　「X は、消費税〔ママ〕上の『事業』についても、所得税法上のそれと同様に解すべきであると主張するが、各法規上の概念は、当該法規の趣旨や計算の仕組みを考察することによって決すべきものである。所得税は、個人が一定期間内に稼得した所得に担税力を見いだしてこれを課税の対象とするもので、消費者に広く薄く負担を求める消費税法とは立法趣旨を異にする。」

■図表3　Y の主張

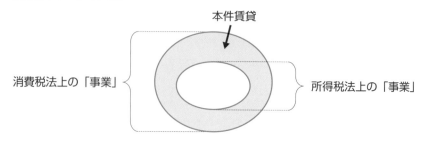

本件賃貸

消費税法上の「事業」

所得税法上の「事業」

これに対し、Xは、以下のように論じて、消費税法上の「事業」の概念と所得税法上のそれと異に解することはできないと主張した。

> 　「一般に法律用語の解釈においては、同一の用語は同一に解釈されるべきである。
> 　消費税法と同じ税法である所得税基本通達26−9は、社会通念上事業と称する程度の規模での建物の賃貸を行っているかどうかにより判定すべきとしているところ、消費税法においても、国民の一般的な認識により近い所得税基本通達の解釈と同様に解すべきである。」

■図表4　Xの主張

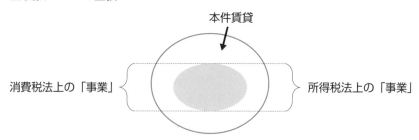

本件賃貸

消費税法上の「事業」　　　　　　　　　　　所得税法上の「事業」

　ところで、所得税法27条1項は、事業所得についての定義規定をおき、「事業所得とは、農業、漁業、製造業、卸売業、小売業、サービス業その他の事業で政令で定めるものから生ずる所得（山林所得又は譲渡所得に該当するものを除く。）をいう。」と定め、これを受けて同法施行令63条は、事業の範囲について、同条各号に掲げる事業（不動産の貸付業または船舶もしくは航空機の貸付業に該当するものを除く）とする旨規定している。また、所得税法は、不動産所得、事業所得または山林所得の計算に関して、「事業」という文言を用いて、「事業の用に供される固定資産」（所法51①）、「事業について……生じた損失」（所法51②）、「事業に従事する」親族に支払った給与（所法57①③）、「事業を営む者」（平成4年法律第14号により削除される前の措法25の2①）等を要件とする各種の特則を設けている。

　これらの「事業」は、一般的に、活動の規模を前提とした概念であると理

解されているが、本件においても、この点については両当事者に争いはない。

さて、いずれの主張が妥当であろうか。

3………富山地裁平成 15 年 5 月 21 日判決

第一審富山地裁判決は、Xの主張を排斥して、消費税法上の「事業」と所得税法上の「事業」を異なるものと判示した。

本件富山地裁は、まず、消費税法の性質を論じたうえで、同法では事業に関する規模は問われていないと説示している。

> 「消費税法は、徴税技術上、納税義務者を物品の製造者や販売者、役務の提供者等としているものの、その性質は、その相手方である消費者の消費支出に着目したもので、これを提供する事業者の規模そのものは、消費税法が課税を意図する担税力と直ちに結びつくということはできない。しかも、消費税法は、個人事業者を含む小規模事業者につき、課税売上高を基準に免税点制度（消費税法9条1項）を設け、これと共に課税事業者選択制度（消費税法9条4項）を設けているが、これらの諸制度は、同法が個人事業者を含む事業者をその規模を問うことなく納税義務者として定めていることを前提とするものであるということができる。」

そして、これに対し、所得税法はこれとは異なるものと論じるのである。

> 「所得税とは、一般的に、担税力の現れとして、人が収入等を得ていることに着目し、収入等の形で新たに取得する経済的利得即ち所得を、直接対象として課されるものである。そして、所得税法は、利得をすべて課税対象たる所得とすることを前提に、その性質や発生の態様によってそれぞれの担税力の相違を加味する趣旨で、その源泉ないし性質に応じて、所得を10種類に分類した（所得税法23条ないし35条）。
>
> そこで、所得税法上の『事業』については、当該所得が事業所得に当たるか他の所得区分に当たるかを判断するにあたって、各所得区分間の担税力の相違を加味するとの上記所得税法の趣旨に照らし、解釈することにな

る。

　そうすると、消費税法と所得税法とは、着目する担税力や課税対象を異とするものであるから、このような性質の異なる両法の規定中に同一文言があるからといって、直ちに、それを同一に解釈すべきであるということにはならない。また、前記のとおり、消費税法が、消費に広く負担を求めるという観点から制定されたこと（税制改革法10条1項）に照らすと、その課税対象を、所得税法上の1課税区分を生じさせるに過ぎない『事業』の範囲における過程の消費について、限定的に定めたものということはできない。」

　「以上説示したとおり、消費税の趣旨・目的に照らすと、消費税法の『事業』の意義内容は、所得税法上の『事業』概念と異なり、その規模を問わず、『反復・継続・独立して行われる』ものであるというべきである。

　そこで、本件賃貸が、『事業』に当たるか否かについてみるに、前記前提となる事実によると、本件賃貸は、Xが、反復・継続・独立して、対価を得て行った資産の貸付けであるから、Xが、消費税法2条3号の『個人事業者』に、本件賃貸が消費税法2条8号の『資産の譲渡等』にそれぞれ該当する。」

4………名古屋高裁金沢支部平成15年11月26日判決

　Xは、上記判断を不服として控訴したところ、控訴審名古屋高裁金沢支部判決は第一審判断を維持した。また、最高裁平成16年6月10日第一小法廷決定（税資254号順号9666）は上告を棄却したため、本件はXの敗訴で確定した。

5………消費税法上の「事業」の定義

―消費税法基本通達5−1−1の「事業」

　本件においては、消費税法上の「事業」の意義が争われたのであるが、Yは、消費税法上の「事業」とは、「対価を得て行われる資産の譲渡及び貸付け並びに役務の提供が反復、継続、独立して行われることをいう」とする消費

税法基本通達5-1-1《事業としての意義》の考え方を示したうえで、この定義からすれば、その判断に当たって事業の規模を問うものではないと主張した。

> **消費税法基本通達5-1-1《事業としての意義》**
> 　法第2条第1項第8号《資産の譲渡等の意義》に規定する「事業として」とは、対価を得て行われる資産の譲渡及び貸付け並びに役務の提供が反復、継続、独立して行われることをいう。
> （注）
> 　1　個人事業者が生活の用に供している資産を譲渡する場合の当該譲渡は、「事業として」には該当しない。
> 　2　法人が行う資産の譲渡及び貸付け並びに役務の提供は、その全てが、「事業として」に該当する。

　そして、Yは、消費税は、特定の物品やサービスに課税する個別消費税と異なり、消費者に広く薄く負担を求めるという観点から、金融取引あるいは資本取引などのほか、医療、福祉および教育の一部を除き、ほとんどすべての国内取引や外国貨物を課税の対象として、事業者の負担ではなく、事業者の販売する物品やサービスの価格に上乗せ・転嫁されて、最終的には消費者に負担を求める税であり、このことからすれば、納税義務者である事業者か否かを判断するに際して、その行う事業の規模の大小を問わないことは当然であると主張する。

　これに対して、Xは、Yの主張によれば、消費活動以外の反復、継続、独立した収入を得る活動は事業活動に該当することになり、国民のほとんどが消費税法上の事業者に該当し、事業を行う個人として納税義務があることになるが、このような結果を導く主張は消費税法全体の構成、趣旨・目的に反するというのである。そのうえで、消費税法は、Yの主張するような、少額な収入まですべてを事業として取り込む趣旨で小規模事業者の納税義務の免除制度（限界控除制度）を設けたものではないという。

　さらに、Xは、Yが引用する消費税法基本通達5-1-1については、限界控除制度廃止前に出されたものであるから、廃止後もこれと同様に解すべきではないと主張する。

6………所得税法と消費税法の基礎とする「担税力」の相違

　担税力に応じた適正・公平な課税の実現など、所得税法と消費税法に共通の趣旨を掲げたとしても、次に乗り越えなければならない壁がある。それは、「担税力」に対する所得税法と消費税法の視角の相違という問題である。

（1）　所得税法の基礎とする「担税力」

　所得税法は、所得についてその発生原因ないし源泉に応じて各種所得に区分し、その所得区分ごとに課税所得を算出する仕組みを採用している。

　所得税法が、いかなる態様で個々の納税者が所得を稼得したのかという点に着目する租税制度であることに思いを致す必要があろう。同法は、納税者の行った所得稼得活動がいかなるものであったのかをみたうえで、それが業務的な規模によって稼得されたものであるのか、あるいはより営利性や有償性の見地からみて事業的な規模といい得るような活動から得られたものであるのかにより、その取扱いを異にしている。すなわち、所得稼得活動の規模を基準に担税力の相違を判断し、課税標準の計算にそのことを織り込んでいるとみることができよう。

■ 図表5

事業	所得税法51条1項、2項、57条、63条
業務	所得税法51条4項

　たとえば、所得税法は、事業所得か雑所得かという点や、不動産所得の規模が事業的規模か業務的規模かという点に関心を寄せて、資産損失の取扱い、青色事業専従者給与の取扱いなどを定めている。このように、様々な点において、「事業的規模」であるのか「業務的規模」であるのかという視角を制度

の隅々に織り込んで体系を構築しているのである。

🌸　なお、東京地裁平成7年6月30日判決（後述）、国税不服審判所平成19年12月4日裁決（裁決事例集74号37頁）は、所得税法上の「事業」か「業務」かは単なる規模ではなく社会通念上「事業」といい得るか否かによって判断すべきと論じている。ここで、筆者が規模と述べているのはそのことをふまえたうえでの便宜的な表現であることを付言しておきたい。

■ 図表6

項目		事業的規模	業務的規模
必要経費	不動産所得の金額に対応する利子税	必要経費に算入可	必要経費に算入不可
	資産損失	必要経費算入額に制限なし	必要経費算入額に制限
	青色従事者給与および事業専従者控除額	必要経費に算入可	必要経費に算入不可
青色申告特別控除		55万円控除	10万円控除

（2）　消費税法の基礎とする「担税力」

　これに対して、消費税における担税力は何に求められているのであろうか。

　一般的な消費税は物品やサービスの消費に担税力を認めて課税されるものであるが、その担税力の捉え方は、消費税法上の「消費税」についても同様である。消費税法上の消費税は、直接消費税ではなく間接消費税であることからすれば、その担税力の所在と納税義務者との関係は見えづらくなってはいるものの、その本質は異ならないはずである。なぜならば、消費税法上の消費税は、最終的な消費行為の前段階において物品やサービスに対する課税が行われ、あらかじめ租税負担が物品やサービスのコストに含められて最終的に消費者に転嫁されることが予定されている租税であるから、担税力の所在は直接消費税と異なるところはないであろう。

　すなわち、消費支出がどの程度であるかという消費税法上の「担税力」は、その物品やサービスの提供者の活動規模とは直接の関係性を有していないの

である。

🌸　このような基本的な理解を前提とすれば、本件においてXが主張する限界控除制度のような小規模事業者の納税義務の免除制度というものが、消費税法上の納税義務者の範囲を画する議論に用いられたことには違和感を覚える。小規模事業者の納税義務の免除制度は、あくまでも原則論ではなく特例であって、これは消費税制度導入の際に議論された事務負担等への配慮にすぎないのであるから、これをもって消費税法上の納税義務者の範囲を論じることは困難であるといわざるを得ない。

この点、税制改革法10条《消費税の創設》2項は、「消費税……の仕組みについては、我が国における取引慣行及び納税者の事務負担に極力配慮したものとする。」と規定しており、納税者の事務負担に配慮することが要請されているのである。通説は、限界控除制度について、「①小規模零細事業者の場合には『消費税』を価格に含めて転嫁することは実際問題として困難であるという主張や、②小規模零細事業者に消費税の導入に伴う事務や経費の負担が及ぶのを避けて欲しいという要望に応えて、『消費税』に対する反対をやわらげ、その導入を容易にするためにとられた措置」として、あくまでも導入のための「措置」であったと位置付けている（金子・租税法〔第19版〕660頁（弘文堂・2014））。

そもそも、消費税は、原則としてすべての物品とサービスの消費に対して「広く薄く」課税することを目的とした租税であって、課税ベースが広いところに特徴がある。すなわち、税制改革法10条1項は次のとおり規定している。

> 税制改革法10条《消費税の創設》
> 　現行の個別間接税制度が直面している諸問題を根本的に解決し、税体系全体を通ずる税負担の公平を図るとともに、国民福祉の充実等に必要な歳入構造の安定化に資するため、消費に広く薄く負担を求める消費税を創設する。

この点に関して、たとえば、国税不服審判所平成5年7月1日裁決（裁決事例集46号225頁）は、次のように論じている。

> 「消費に広く負担を求めるという消費税においては、このように同種の行為を反復、継続、独立して行うようなものであれば、所得税法における事業の概念とは異なって、事業の規模までは問わないというべきである。」

また、消費税法には、所得税法のように業務的規模と事業的規模とを分けて課税上の取扱いを整理する規定も存在しないのであるから、消費税法を所得税法と同様に解することは困難であるように思われる。

　この点は、水野忠恒一橋大学名誉教授も、次のように論じている（水野・租税法 1059 頁）。

> 　「消費税法における『事業』は、所得税における『事業』の概念との類似性があるが、付加価値税は利益に対する租税ではなく消費に対する租税であるから、所得税法上は課税除外とされる者による取引にも『消費税』が適用されることが考えられる。実際に、法人については、慈善団体等の非営利事業も事業者に含まれる。わが国の法人税法では事業者とは考えられないような、国、地方公共団体、公共法人、公益法人等であっても、事業者として納税義務者たりうることになる。」

　このように、所得税と消費税がそれぞれいかなる課税物件に対して「担税力」を見出しているのかという点からみれば、両者の差異は明らかであるといえよう。したがって、所得税法が、課税上規模の大きさに応じて「事業」と「業務」とを分けて異なる取扱いをしているのに対し、そのような取扱いをしていない消費税法上の「事業」を所得税法上の「事業」と同様に解することは難しいといわざるを得ない。

　もっとも、そうであるからといって、租税法律主義の要請する法的安定性の見地からすれば、同じ用語（概念）であるにもかかわらず個別税法ごとに別異に理解することに躊躇を感じないわけではない。まして、次にみるように、租税法においては、同じ用語（概念）の意義は同じように解するべきとの判決があることもふまえると、この点については、もう少し検討を要するように思えるのである。

（3）　租税法律主義の要請

　この点について、相続税の事案であるが、東京地裁平成 7 年 6 月 30 日判決（訟月 42 巻 3 号 645 頁）をみてみたい。

🌼　この事件は、父親の死亡により、その財産等を相続した原告が、相続した土地の一部について、租税特別措置法 69 条の 3（平成 4 年法律第 14 号による改正前のもの）の定める事業の用に供されていた宅地に該当し、特例の適用を受けるものとして、相続税の申告等をしたところ、被告から、特例の適用が認められないとして、相続税の更正および過少申告加算税の賦課決定を受けたため、原告が課税処分の取消しを求めて提訴した事案である。

　この事例では、租税特別措置法 69 条の 4《小規模宅地等についての相続税の課税価格の計算の特例》にいう小規模宅地等の特例の適用が争われたのであるが、東京地裁は、次のように論じている。

> 　「立法の経緯、目的からすれば、本件特例〔筆者注：小規模宅地等の特例〕は、個人の生活基盤の保護という側面のみならず、個人事業の承継の保護の側面や事業が雇用の場であり取引先等との密接な関係を有することによる処分面での制約等をも考慮したものといわざるを得ず、その事業概念を所得税法上の事業と別異に解すべき制度趣旨からの要請があるとまでは断定できないものといわざるを得ない。」

　ただし、これは単に、所得税法上の「事業」概念を租税特別措置法 69 条の 4 にいう「事業」の概念と合致させることが法的安定性等に資するからというだけの議論ではない。

　これは各条項の規定ぶりを検討したうえでの説示であった。

🌼　所得税法 33 条《譲渡所得》各項の譲渡所得の金額の計算における特例として、個人が事業用資産を譲渡した場合の買換えの特例に関する租税特別措置法 37 条《特定の事業用資産の買換えの場合の譲渡所得の課税の特例》1 項の規定は、その特例の対象となる譲渡資産がその用に供されていた事業について「事業（事業に準ずるものとして政令で定めるものを含む。……）」とし、この規定を受けた同法施行令 25 条《特定の事業用資産の買換えの場合の譲渡所得の課税の特例》2 項は、政令で定めるものについて「事業と称するに至らない不動産又は船舶の貸付けその他これに類する行為で相当の対価を得て継続的に行うもの」と規定している。そもそも、小規模宅地等の特例は、昭和 50 年 6 月 21 日付け国税庁長官通達（直資 52）「事業又は居住の用に供されていた宅地の評価について」に基づいて宅地の評価方法として実務上取り扱われていたものが、昭和 58 年に租税特別措置法 70 条として立法化されたのであるが（昭和 59 年法律第 6 号による規定の整備により、同法 69 条の 4 となった）、その当時は、同特例の対象となる宅地等に係る事業について「事業（事業に準ずるものとして政令で定めるものを含む。）」と規定していたのであって、同

規定を受けた昭和 63 年政令第 362 号による改正前の同法施行令 40 条 1 項は、政令で定めるものについて「事業と称するに至らない不動産又は船舶の貸付けその他これに類する行為で相当の対価を得て継続的に行うもの」と規定し、全く同一の文言を用いている。

　そのうえで、東京地裁は次のように判示したのである。

> 　「本件特例は、所得税法及びその関連法令において用いられているのと同一の『事業』という用語を用いて、適用対象となる宅地等の範囲を画しているということになり、課税要件を定める法規が明確性を要し、その解釈に当たっては法的安定性を重視すべきことに照らせば、租税法規において、その解釈の対象となる概念が、他の税法において用いられている場合には、特別の理由のない限り、同一の意義に解釈することが相当であるというべきである。したがって、原則として、本件特例における事業概念は、所得税法上の事業概念と同一の意義のものであると解すべきである。」

　さらに、同地裁は、措置法は、各税法についての特例を設けるものであるから、相続税法の特例として設けられた小規模宅地等の特例制定の趣旨・目的等から、その「事業」概念を所得税法上の「事業」概念と別異に解すべきものといえるか否かを、なお検討する必要があるとして、同特例の制定および改正の経緯を検証している。

　そのうえで、「事業」と称するに至らない不動産貸付け等の用に供されていた宅地等について、同特例の対象から除外された経緯などに鑑みると、租税特別措置法は、そもそも所得税法上の「事業」を念頭において規定されてきたことが判然とするというのである。

　このような条文構成および立法趣旨に鑑みて、所得税法 33 条と租税特別措置法 69 条の 4 の文言を同義に解してよいか否かについての検証がなされたのが、東京地裁平成 7 年 6 月 30 日判決であって、そこでは単に法的安定性という見地からのみで論じられたわけではないといえる。

　このことからいえることは、法的安定性の要請を論じるに当たっても、異なる租税法上の用語の意義を検討するに当たっては、それぞれの法の趣旨・目的や沿革等を検証する必要があるのであって、本件において、消費税法上

の「事業」と所得税法上の「事業」が同じ意義をもつと論じるためには、立法経緯等からの検証がなされる必要があったのではなかろうか。

　もっとも、そのような検証を行っても、やはり結論的には、消費税法と所得税法の双方における「事業」の意義を同じものと解するに足る根拠を導くことは難しかったであろう。

7………本節のまとめ

　消費税法が「事業」以外の「資産の譲渡等」に消費税を課していないのは、事業以外の取引、たとえば個人が知人に資産を譲渡する等の行為に課税をするとしても、①把握が困難であること、②税収ポテンシャルが少ないためであると説明されている（金子・租税法815頁）。そうであるとすれば、客観的に把握の困難性が認められないものを「事業」と捉えるという考え方もあり得よう。

　そこで、学説は、消費税法上の「事業」を「同種の行為を独立の立場で反覆・継続して行うこと」と理解しているのである。すると、本件賃貸を消費税法上の「事業」に当たるとした本件富山地裁判決は、法の趣旨や学説に沿った判断を展開したものといえよう。

　では、消費税の課税対象を事業に限定している理由が上記①や②であれば、消費税法上の納税義務者を画するために、独立性や反覆継続性が要請されるのであろうか。この点は釈然としない。

　この点、水野忠恒教授は、なぜ消費税法上の納税義務者が個人事業者および法人に限定されるべきであるのか議論となり得るとしたうえで、「付加価値税が企業による付加価値に対する課税であることを考えれば、事業者とは『企業』であるようにも思われる。」と指摘しつつも、次のように続けている（水野・租税法1060頁）。

> 　「しかしながら、経済学では、通常、生産を行い、それを最終消費者である家計に対して販売する主体を企業というのみであるので、法律上は『企業』の意味を『事業者』より広く定義することはありうることである。し

たがって、企業の定義を『事業者』に限定するのは、行政の実行可能性を理由とするのにすぎないように考えられる。そうであるならば、『消費税』の納税義務者であるためには、事業所得のように、営利性や反復・継続性のメルクマールを要件とする必然性はないともいえる。労働力、土地、資本などの生産要素により、賃金、地代、利子、利潤の価値を付加する者はすべて企業たりうるのであり、それは『事業者』の法的定義とは必ずしも一致しない。」

■ 図表7

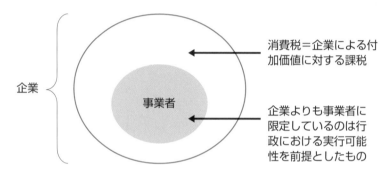

企業

事業者

消費税＝企業による付
加価値に対する課税

企業よりも事業者に
限定しているのは行
政における実行可能
性を前提としたもの

　この見解からは、事業者であるかどうかが問題とされるのがせいぜいであって、その事業者の行う業務の程度にまでこだわる必要性に乏しいということになろうか。このような意味では、消費税法上の納税義務者の範囲という観点からも同様の結論が導出し得たといえよう。

　もっとも、所得税法12条《実質所得者課税の原則》について考えると、同条は、給与所得や雑所得なども対象としているから、そこにいう「事業」とは、所得税法27条等にいう「事業」概念よりもよほど広いものであると解され、いわば「行為」全般にまで及ぶともいえよう。むしろ、消費税法2条等にいう「事業」が、所得税法12条の「事業」概念より狭いものであるということができる。したがって、本節で取り上げた事例のみをもって、消費税法上の「事業」概念と所得税法上の「事業」概念のすべてが解決されていると解するのは早計であるといえよう。

16. 一般概念—同一の租税法内における同一の概念：「船舶」の意義

1………本節のポイント

—所得税法 161 条の「船舶」と所得税法 26 条の「船舶」

　前節でみたとおり、異なる租税法における同一の概念であっても、場合によっては異なる解釈を展開する必要があることがわかった。

　そこで、次に、「海洋掘削装置」は所得税法上の「船舶」に当たるか否かが争点となった事例である東京地裁平成 25 年 9 月 6 日判決（訟月 61 巻 1 号 207 頁）を素材に、同一の租税法のなかで用いられている同一の概念の解釈は統一されるべきかについて考えてみたい。

　所得税法は、内国法人が外国法人からリースをしている資産が「船舶」に当たると、その内国法人が支払うリース料に対して 20％の源泉徴収義務があると規定している（所法 161 ①七、212 ①、213 ①）。

> **所得税法 161 条《国内源泉所得》**
> 　この編において「国内源泉所得」とは、次に掲げるものをいう。
> 　七　国内にある不動産、国内にある不動産の上に存する権利若しくは採石法
> 　……の規定による採石権の貸付け……、鉱業法……の規定による租鉱権の
> 　設定又は居住者若しくは内国法人に対する船舶若しくは航空機の貸付けに
> 　よる対価

　ある対象物がこの「船舶」の貸付けに該当するか否かの判断に当たっては、まず、そこにいう「船舶」の意味を明らかにしなければならないことはいうまでもない。しかしながら、所得税法には「船舶」の定義規定はない。

　そうであるとすると、所得税法上の「船舶」という概念を理解するに当たって、まずは固有概念なのか、あるいは他の法律からの借用概念なのかどうか

という点から考察をすることになりそうである。

　また、そもそも、所得税法 161 条 1 項 7 号（当時は 3 号）にいう「船舶」と
は、同法 2 条《定義》1 項 19 号や同法 26 条《不動産所得》1 項にいう「船舶」
と同じ意味に解釈すべきなのであろうかという疑問も生じる。すなわち、同
一の租税法内における用語の意義が異なることがあり得るのかという問題で
ある。

> 所得税法 2 条《定義》
> 　十九　減価償却資産　不動産所得若しくは雑所得の基因となり、又は不動産
> 　　所得、事業所得、山林所得若しくは雑所得を生ずべき業務の用に供される
> 　　建物、構築物、機械及び装置、<u>船舶</u>、車両及び運搬具、工具、器具及び備
> 　　品、鉱業権その他の資産で償却をすべきものとして政令で定めるものをい
> 　　う。
> 所得税法 26 条《不動産所得》
> 　　不動産所得とは、不動産、不動産の上に存する権利、<u>船舶</u>又は航空機……
> 　　の貸付け……による所得（事業所得又は譲渡所得に該当するものを除く。）を
> 　　いう。

2………検討素材

―「海洋掘削装置」は所得税法上の「船舶」に当たるか

（1）　事案の概要

　内国法人 X 社（原告・控訴人）は、石油・天然ガスの探鉱・開発に係る海洋
掘削等の事業を行う株式会社であり、パナマ共和国内に主たる営業所がある
法人である A 社および B 社（以下、あわせて「本件各パナマ法人」という）から、
それぞれ海洋掘削の作業の用に供する「リグ」である SAGADRIL－1（本件

■ 図表 1

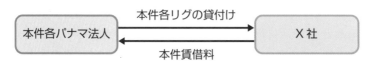

リグ1という）およびSAGADRIL-2（本件リグ2。本件リグ1と併せて「本件各リグ」という）の貸付けを受けていた。

　所轄税務署長は、本件各リグの賃借の対価（以下「本件賃借料」という）は所得税法161条1項7号が国内源泉所得と定める「船舶の貸付けによる対価」に該当するから、その支払の際に所得税の源泉徴収をして国に納付しなければならなかったのに、X社がこれを怠ったとして、源泉所得税の納税の告知の処分および不納付加算税の賦課決定の処分を行った。本件は、これを不服としたX社が、本件各リグの貸付けは同号の船舶の貸付けには該当しないなどと主張して、国Y（被告・被控訴人）に対し上記各処分の取消しを求めた事案である。

（2）　争点

　本件の争点は、本件各リグが所得税法161条1項7号にいう「船舶」に該当するか否かである。

（3）　Yの主張

　本件において、Yは、旧所得税法161条3号〔現行1項7号〕の「船舶」の意義について次のように主張している。

　「租税法中に用いられた用語が法文上明確に定義されておらず、他の特定の法律から借用した概念であるともいえない場合、その用語は、特段の事情がない限り、言葉の通常の用法に従って解釈されるべきであるところ、所得税法161条3号の『船舶』については、その定義が所得税法その他の租税法に規定されておらず、また、他の特定の法律から借用した概念であるとする根拠もうかがえないから、言葉の通常の用法に従って解釈されるべきである。そして、通常の用法として用いられている『船舶』とは、社会通念上の一般的な『船舶』のことを示すのであるから、所得税法161条3号にいう『船舶』とは、社会通念上の船舶をいうものと解される。」

（4） Ｘ社の主張

これに対し、Ｘ社は次のように主張している。

> 「所得税法は、『船舶』について、161条3号の規定のほかに、2条1項19号（減価償却資産）及び26条1項（不動産所得）の各規定を設けているところ、租税法が備えるべき客観性、法的安定性、予測可能性を確保するには、これらの『船舶』については、統一的に解釈されるべきである。」
>
> 「所得税法161条3号の『船舶』は、〔筆者注：同法26条1項にいう『船舶』と同様）船舶法4条から19条までの規定の適用を受ける船舶と解するべきである。そして、このような解釈によってこそ、課税要件が一義的に明確となり、国民の経済生活に法的安定性と予測可能性を与えることとなるのである。」

3………東京地裁平成25年9月6日判決

第一審東京地裁判決は、旧所得税法161条3号の「船舶」の貸付けの意義について、まず次のように論じている。

> 「所得税法上の外国法人が居住者又は内国法人に対してした特定の物の貸付けが同法161条3号の『船舶』の貸付けに当たるか否かについては、当該物の貸付けに関係する各般の事情を社会通念に照らして検討して決するほかはないというべきである。」

そして、旧所得税法161条3号と所得税法26条1項において、「船舶」の意義を別異に解すべき理由はない旨のＸ社の主張に対しては、次のように論じ、これを斥けている。

> 「これに対し、Ｘ社は、所得税法161条3号の『船舶』は、同法2条1項19号の『船舶』及び同法26条1項の『船舶』と統一的に解釈されるべ

きであるとした上で、同法 161 条 3 号の『船舶』とは、船舶法 4 条から19 条までの規定の適用があるもので、航海の用に供する船舶ないし国際運輸の用に供する船舶に限られると主張する。

　しかし、……所得税法 2 条 1 項 19 号の『船舶』には、船舶法 4 条から19 条までの規定の適用を受けるもののほか、『その他のもの』も含まれるとされていること等からすると、X の上記主張はその前提において問題があり、直ちには採用し難いものというべきである。」

そのうえで、次のように説示して、「水上に浮揚しての移動及び積載に係る特徴を備えた本件各リグ」について「船舶」該当性を否定していない。

　「本件各リグは、いずれも、掘削機器や居住用の施設等を搭載したまま洋上に浮揚することができ、しかも、その状態で曳航船に牽引されて……移動したりすることもできるものであるところ、自力で水上を航行しないサルベージ船、工作船、起重機船が所得税法 2 条 1 項 19 号の規定の運用上同規定にいう『船舶』に含まれるものとして取り扱われていること……との対比からしても、以上のような水上に浮揚しての移動及び積載に係る特徴を備えた本件各リグをもって、『船舶』に含まれるとみることが格別不自然であるとはいい難い。」

そして、本件東京地裁は、本件各リグを旧所得税法 161 条 3 号にいう「船舶」に当たると判断した。

なお、控訴審東京高裁平成 26 年 4 月 24 日判決（訟月 61 巻 1 号 195 頁）[4] はX の主張を排斥し、上告審最高裁平成 27 年 9 月 15 日第三小法廷決定（税資265 号順号 12721）は X の上告を棄却している。

4）判例評釈として、浅妻章如・ジュリ 1477 号 8 頁（2015）、今村隆・ジュリ 1484 号 139 頁（2015）、安井栄二・速報判例解説 17 号〔法セ増刊〕241 頁（2015）など参照。

4………概念解釈の道筋

　上述したように、所得税法 161 条 1 項 7 号の「船舶」については明確な定義規定がないところ、この規定の前後の文脈や沿革等から同号にいう「船舶」の意義を明らかにすることができるであろうか。

　所得税法 161 条 1 項 7 号は、居住者または内国法人に対する船舶の貸付けによる対価を国内にある不動産の貸付けによる対価と並べて国内源泉所得と規定しているのであるが、そもそも、この規定の沿革をみれば、同号にいう「船舶」の意義を明らかにできるかもしれない。

　そこで、その沿革を確認すれば、昭和 37 年法律第 44 号による改正前の旧所得税法 1 条 2 項 1 号の規定のもとにおいて、次のような理由により改正されたものであると解される。

> ①　船舶の貸付けによる対価が国内源泉所得に該当するかどうかが不明確であったので明確にする必要があったこと。
> ②　この改正によりその点が明確にされた後においてもなお以前から所得税の源泉徴収の対象とされていた国内にある不動産の貸付けによる対価とのバランスを図る必要があったこと。

　しかしながら、このような沿革・経緯からは、所得税法 161 条 1 項 7 号の「船舶」の意義を明らかにすることはできそうにない。

5………固有概念該当性

　次に、「船舶」がはたして固有概念であるか否かについて考える必要があろう。

　所得税法は、同法 161 条 1 項 7 号のほか、2 条 1 項 19 号、同法 15 条《納税地》5 号、同法 26 条 1 項、同法 58 条《固定資産の交換の場合の譲渡所得の特例》1 項 4 号および同法 225 条《支払調書及び支払通知書》1 項 9 号において

「船舶」という用語を用いているが、これを定義する規定は置いていない。

　所得税法において「船舶」という用語は、不動産所得の定義、減価償却資産の定義、国内源泉所得の範囲等において用いられている。

　「減価償却資産」について、所得税法施行令6条《減価償却資産の範囲》4号は、所得税法2条1項19号に規定する政令で定める資産の一つとして「船舶」を掲げている。そして、所得税法施行令129条《減価償却資産の耐用年数、償却率等》の規定による委任に基づき定められた減価償却資産の耐用年数等に関する省令（以下「耐用年数省令」という）1条《一般の減価償却資産の耐用年数》1項1号は、所得税法施行令6条4号に掲げる資産の耐用年数は耐用年数省令別表第1に定めるところによる旨を定めている。

　ところで、耐用年数省令別表第1は、「船舶」を「船舶法（明治32年法律第46号）第4条から第19条までの適用を受ける鋼船」、「船舶法第4条から第19条までの適用を受ける木船」、「船舶法第4条から第19条までの適用を受ける軽合金船（他の項に掲げるものを除く。）」、「船舶法第4条から第19条までの適用を受ける強化プラスチック船」、「船舶法第4条から第19条までの適用を受ける水中翼船及びホバークラフト」および「その他のもの」などに大別して、その耐用年数を定めている。

所得税法施行令6条《減価償却資産の範囲》
　法第2条第1項第19号（定義）に規定する政令で定める資産は、棚卸資産、有価証券及び繰延資産以外の資産のうち次に掲げるもの（時の経過によりその価値の減少しないものを除く。）とする。
一〜三　（略）
四　船舶

耐用年数省令1条《一般の減価償却資産の耐用年数》
　所得税法……第2条第1項第19号《定義》……に規定する減価償却資産（以下「減価償却資産」という。）のうち鉱業権（租鉱権及び採石権その他土石を採掘し又は採取する権利を含む。以下同じ。）、坑道、公共施設等運営権及び

> 樹木採取権以外のものの耐用年数は、次の各号に掲げる資産の区分に応じ当
> 該各号に定める表に定めるところによる。
> 一　所得税法施行令……第6条第1号、第2号及び第4号から第7号まで（減
> 価償却資産の範囲）……に掲げる資産（坑道を除く。）　別表第一（機械及
> び装置以外の有形減価償却資産の耐用年数表）

　また、その運用に関して、耐用年数の適用等に関する取扱通達2－4－4《サ
ルベージ船等の作業船、かき船等》は次のとおり通達している。

> **耐用年数の適用等に関する取扱通達2－4－4《サルベージ船等の作業船、かき
> 船等》**
> 　サルベージ船、工作船、起重機船その他の作業船は、自力で水上を航行し
> ないものであっても船舶に該当するが、いわゆるかき船、海上ホテル等のよ
> うにその形状及び構造が船舶に類似していても、主として建物又は構築物と
> して用いることを目的として建造（改造を含む。）されたものは、船舶に該当
> しないことに留意する。

　ところで、船舶法20条は、「第4条乃至前条ノ規定ハ総トン数20トン未満
ノ船舶及ヒ端舟其他櫓櫂ノミヲ以テ運転シ又ハ主トシテ櫓櫂ヲ以テ運転スル
舟ニハ之ヲ適用セス」と規定している。このことから、同法4条から19条ま
での適用を受ける船舶とは、「総トン数20トン未満の船舶及び端舟その他ろ
かいのみで運転し、又は主としてろかいで運転する舟」以外の船であること
がわかる。

　しかしながら、耐用年数省令別表第1の種類欄の「船舶」には、「その他の
もの」という項目があるところ、ここにいう「その他のもの」には、「しゅん
せつ船及び砂利採取船」、「発電船及びとう載漁船」、「ひき船」といった「鋼
船」や、「とう載漁船」、「しゅんせつ船及び砂利採取船」、「動力漁船及びひき
船」、「薬品そう船」といった「木船」のほか、「その他のもの」が列挙されて
いる。

　この、構造または用途としての「その他のもの」たる船舶のうちの細目と
しての「その他のもの」が何を指しているのかが判然としないため、耐用年

数省令別表第１の種類欄の「船舶」からは、減価償却資産としての「船舶」が何を指しているのかということまで解明することはできそうにない。ただ明確なのは、船舶法４条から19条までの適用を受ける船舶のみを指しているということはできないという点である（図表２）。

すなわち、ここからは、①総トン数20トン未満の船舶、②端船、③ろかいのみで運転する舟、④主としてろかいで運転する舟が、減価償却資産にいう「船舶」に含まれる余地があるということがわかる（図表３）。

■**図表２　耐用年数別表第１の「船舶」**

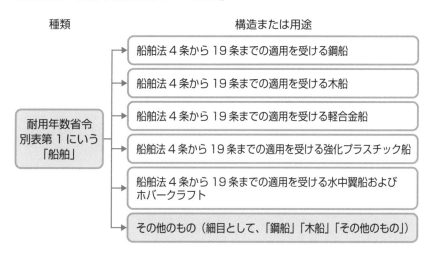

■**図表３　船舶法20条のイメージ**

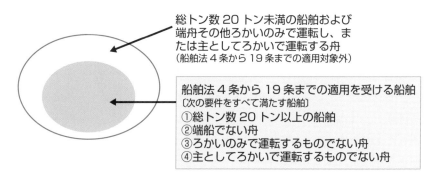

他方、所得税法26条1項は、次のとおり定めている。

> 所得税法26条《不動産所得》
>   不動産所得とは、不動産、不動産の上に存する権利、船舶又は航空機（以下この項において「不動産等」という。）の貸付け（地上権又は永小作権の設定その他他人に不動産等を使用させることを含む。）による所得（事業所得又は譲渡所得に該当するものを除く。）をいう。

所得税法26条に規定する不動産所得にいう「船舶」については、課税実務の取扱いにおいては、次のように通達されており、総トン数20トン以上のもののみを指している。

> 所得税基本通達26−1《船舶の範囲等》
>   法第26条第1項に規定する船舶には、船舶法第20条《小型船舶及び櫓櫂船に対する適用除外》に規定する船舶及び舟は含まれないものとする。したがって、総トン数20トン未満の船舶及び端舟その他ろかいのみで運転し、又は主としてろかいで運転する舟の貸付けによる所得は、事業所得又は雑所得に該当する。

しかしながら、前述のとおり、減価償却資産としての「船舶」の規定においては、

> ① 総トン数20トン以上の船舶
> ② 端船でない舟
> ③ ろかいのみで運転するものでない舟
> ④ 主としてろかいで運転するものでない舟

などという縛りはなく、小型船舶あるいはろかい舟に該当しても減価償却費の計算上、「船舶」として扱われる可能性があると思われる。
　仮に上記通達の解釈が妥当であるとすると、所得税法上の「船舶」には、多様な意味内容のものが含まれているということになりそうである。

■ 図表 4

| 所得税法 26 条 1 項にいう「船舶」 | 小型船舶あるいはろかい舟は含まれない |
| 耐用年数省令別表第 1 にいう「船舶」 | 小型船舶あるいはろかい舟を含む可能性もあり |

　本件東京地裁は、所得税法の規定における「船舶」の意義を条文から直ちに明らかにすることができるものとはいいがたいとする。所得税法 26 条 1 項と耐用年数省令別表第 1 をみる限りにおいては、同地裁の説示は妥当であるように思われる。

　所得税基本通達の理解の仕方が正しいとすると、所得税法 26 条 1 項では、「船舶」という用語の意義を固有概念として捉えており、他の法律からの借用概念としては捉えていないように解される。しかしながら、上述のとおり、所得税法 26 条 1 項の「船舶」が仮に固有概念であるとしても、同条項にいう「船舶」概念と、耐用年数省令別表第 1 にいう「船舶」が同じものではないことからすると、同省令別表第 1 にいう「船舶」が固有概念であると理解する必要はない。

6………借用概念該当性

　次に、「船舶」が借用概念であるかどうかを検討する。

　本件東京地裁は、この点について「これ〔筆者注：旧所得税法 161 条 3 号にいう『船舶』〕が他の特定の法律からのいわゆる借用概念であると解すべき根拠も見いだし難い。」とするが、このような理解は妥当なのであろうか。

　ところで、借用概念論は、私法からの借用がその中心であり、公法がある特定の目的をもった法律であることから、公法からの借用と考えることについては消極に解するべきであることはすでにみたとおりである（13. 参照）。そうであるとするならば、「船舶」という用語を用いている法令は多数あるが、まずは私法について確認すべきであろう。

海上企業活動の関係主体の利益を調整する立場から規制するものとして、商法第3編《海商》に置かれた商法684条は、「船舶」について、商行為をする目的をもって航海の用に供するものをいう旨を定めている。

> 商法684条《定義》
> 　この編（第747条を除く。）において「船舶」とは、商行為をする目的で航海の用に供する船舶（端舟その他ろかいのみをもって運転し、又は主としてろかいをもって運転する舟を除く。）をいう。

これに対し、船舶の国籍、総トン数その他の登録に関する事項および船舶の航行に関する行政上の取締り等を定めた公法である船舶法は、同法附則35条本文において、商行為をする目的を有することなく航海の用に供するものも同法における船舶に含まれることを前提に、これに商法第3編の規定が準用される旨を定めている。他方、船舶法施行細則2条は、推進器を有しないしゅんせつ船は船舶法における船舶とはみなさない旨を定めている。

> 船舶法附則35条
> 　商法第三編ノ規定ハ商行為ヲ為ス目的ヲ以テセサルモ航海ノ用ニ供スル船舶ニ之ヲ準用ス但官庁又ハ公署ノ所有ニ属スル船舶ニ付テハ此限ニ在ラス

> 船舶法施行細則2条
> 　浚渫船ハ推進器ヲ有セサレハ之ヲ船舶ト看做サス

本件東京地裁判決は、このような私法と公法における規定ぶりをみたうえで次のように説示している。

> 　「主要な法令というべき商法と船舶法との間ですら『船舶』という用語が異なる意義で用いられており、やはり主要な法令というべき船舶安全法においてを含め、『船舶』という用語について定義する規定は置かれていないのであって、『船舶』という用語を用いている他の法令の規定を参照して、

> 所得税法の規定における『船舶』の意義を明らかにすることも困難である
> というべきである。」

　本件東京地裁は、商法と船舶法との間に「船舶」の意義の統一性が見出せ
ないから、他の法令の規定を参照して所得税法上の「船舶」の意義を明らか
にすることが困難であると述べているが、そのような場合には商法に従うべ
きという理解の仕方も十分にあるはずである。なぜなら、商法は私法であり、
借用概念統一説にいう一般的な理解に従えば、私法の理解に合致させるべき
であるとする考え方があり得るからである。

　ところで、商法第3編すなわち海商法（以下「海商法」という）は、船舶の
範囲を画することによりその適用範囲を明らかにしている。すなわち、海商
法は、その対象となる「船舶」について「商行為をする目的で航海の用に供
する船舶」と定めているのであるが（商684）、この規定からは、必ずしも「船
舶」の意義が明らかであるとはいえない。

　そこで、海商法においては、「船舶」の意義は社会通念により決するものと
解されている（箱井崇史「船舶衝突の意義に関する一考察—船舶の種別による海
商法規定の適用関係を中心として」早稲田法学87巻2号361頁（2012））。すなわ
ち「船舶」とは、社会通念に従って、浮揚性を有し、機械力および自力航行
能力の有無は問わないが、水上航行の用に供される積載可能な構造物をいう
とするのである。

　このような理解から、海商法においては、引揚げ不能な沈没船や救助不能
な難破船は「船舶」ではないとされている。こうして、社会通念によって判
断された「船舶」のうち、商行為をなす目的をもって航海の用に供する船舶
（航海商船）が海商法の対象となるのである（中村眞澄＝箱井崇史『海商法』39
頁以下（成文堂・2010））。なお、海商法は、端舟その他のろかい舟を適用対象
から除外している（商684）。

　海商法が「船舶」の意味を社会通念によって決するという態度を採ってい
ることからは、海商法における「船舶」概念は、一般概念として理解されて

いることがわかる。そこで、所得税法161条1項7号にいう「船舶」の概念を商法（海商法）からの借用と考え、海商法にいう「船舶」が一般概念であるとするならば、その理解に沿って、所得税法上の「船舶」も一般概念として理解するというアプローチが考えられる（図表5）。

■ 図表5

🌹 なお、租税法上の概念について、借用概念と固有概念の二つと捉える考え方を二分論といい、それ以外に一般概念があるとする考え方を三分論という。三分論については、**13.** も参照。

このような理解の仕方は、法人税法22条4項にいう「一般に公正妥当と認められる会計処理の基準」（公正処理基準）が何を指すのかという議論と通じるものといえよう。つまり、法人税法22条4項の公正処理基準は、商法や会社法のことを指すと考えたうえで、次に、商法19条や会社法431条、614条が、「一般に公正妥当と認められる（企業）会計の慣行」、すなわち企業会計原則を中心とする会計上の諸規則に従うと規定していることから、法人税法における公正処理基準は企業会計原則を中心とする会計上の諸規則を指すものと考える理解と類似しているように思われる（図表6）。

■ 図表6

🌹 わが国においては、法制上「船舶」の語が用いられており、それらの法令を分類すると、「船舶」そのものを定義しているもの、法令の適用を受ける「船舶」の範囲を規定しているもの、定義や範囲について規定していないものがある。具体的な例として、海上交通安全法2条2項1号および海上衝突予防法3条1項では「『船舶』とは、水上輸送の用に供する船舟類（水上航空機を含む。）をいう。」などと規定されている。

本件東京地裁は、次のように説示しているが、必ずしも図表5のようなア

プローチを採用したわけではなく、図表7のように、「条文に定義なし→沿革からも判然としない→海商法・船舶法上の定義も不明確→一般概念による」というルートを採っているようである（一般概念については**13.**参照）。

> 「所得税法上の外国法人が居住者又は内国法人に対してした特定の物の貸付けが同法161条3号の『船舶』の貸付けに当たるか否かについては、当該物の貸付けに関係する各般の事情を社会通念に照らして検討して決するほかはないというべきである。」

■**図表7**

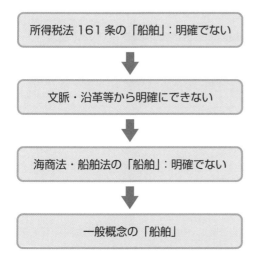

所得税法161条の「船舶」：明確でない

↓

文脈・沿革等から明確にできない

↓

海商法・船舶法の「船舶」：明確でない

↓

一般概念の「船舶」

7………本節のまとめ

　本件では、所得税法161条1項7号（当時は3号）にいう「船舶」の意義が争点となっているところ、本件東京地裁は、これと所得税法26条1項にいう「船舶」とは同義ではないと論じている。しかしながら、では、所得税法26条1項の「船舶」がいかなる意味をもつものと理解されるべきかについては争点外のため論じられていない点には注意が必要である。

あえて、本件東京地裁判決と整合的な形で所得税法26条1項の「船舶」の意義を検討するとすれば、同項にいう「船舶」は固有概念として理解をしたうえで、所得税法161条1項7号にいう「船舶」を一般概念であると理解することがあり得る解釈として最も判決の考え方に近いかもしれない。そして、耐用年数省令別表第1にいう「船舶」は、「その他のもの」を含むとしており概念が明確ではないことからすれば、筆者の論じたアプローチに従って、商法（海商法）からの借用概念と捉え、結果的には社会通念で判断する一般概念と理解するのが整理としては落ち着くのではないかと思われる。

■図表8

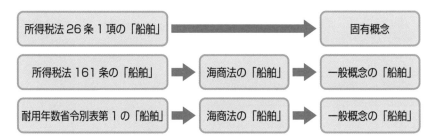

このようなことは、所得税法12条《実質所得者課税の原則》の「資産」概念が「物」全般を指すものであると理解し得るように広いものであるのに対して、同法33条《譲渡所得》1項にいう「資産」概念が金銭債権を除いた概念と解釈されているようなところにも見て取れる。同じ所得税法内に用いられている概念であっても、その意味が異なることもあり得るという点には注意が必要であろう。

17. まとめ

　租税法の解釈には第一義的に文理解釈という厳格な解釈が要請されるところであるが、文理解釈を行うとしても、多くの概念（用語）によって条文の文章が構成されていることを考えると、個々の概念をどのように理解すべきなのかという点に関心が寄せられるのは当然である。

　第3部では、解釈論のうち概念論に焦点を当てて、かかる概念をどのように理解すべきかという観点から確認を行った。いわゆる二分論においては、概念を固有概念と借用概念の二つに分けて整理しているのに対して、三分論では、それに加えて一般概念の存在を意識していた。結論的にいえば、一般概念を度外視して概念論を展開することはできないであろうから、三分論による整理が妥当であるといえよう。

　また、公法上の概念と租税法上の概念が同じものであったとしても、租税法上の概念の解釈において、無批判、無限定に統一説によりこれを公法上の概念に合致させるように理解することには躊躇を覚えざるを得ない。なぜなら、公法は私法とは異なり、特に、強い政策的要請が働く法領域であることから、公法で用いられている概念自体がかような政策的要請を色濃く受けた意味合いをもつことがあるからである。要するに政策的意味合いを帯びていると思われる概念については、たとえ租税法が同じ概念を用いているとしても、同様の意味として解釈することには慎重であるべきということである。

　このことを敷衍して考えると、必ずしも公法に限らず、それぞれの法律は固有の趣旨目的を有しているのであるから、その点を軽視して概念論を展開することができるのかという目的適合説が統一説に投げかける疑問と同様のものが所在するように思われる。

　この点は、武富士事件（**12.** 参照）を素材に住所概念を論じるなかで述べたとおり、民法が採用するとされている住所複数説にしてもしかりである。

あとがき

　実務家にとってより意味のある租税法の学習は、単なる教室事例の検討やテキストベースの確認ではありません。これまで、多くの実務家の方々との研究会活動などでの交流を通じて筆者が感じているところは、専門家にとっては、実際の事案を素材にして、それを自分の直面する問題として捉えたうえで学習することが極めて効果的であるという点です。

　そのためには、多くの裁判例を読み解くことが必要で、実務家はより多くの事例にぶつかってこそ力をつけることができると思います。そのような趣旨から、本書では、租税法の解釈論・概念論の理解にとって欠かせない代表的事例を採りあげ、その解説においては、できるだけ関連事案を引用するよう心掛けました。

　また、租税法は生きた学問領域でありますから、日々刻々と変わりゆく最新の情報をキャッチアップしていなければなりません。本書で扱ったような入門的な領域と思われる解釈論にとっても、この点はまったく同様です。過去の解釈論からもずいぶん変容しているのが現実です。たとえば、「改築」の意義を巡る議論や、制度濫用事例における限定解釈などの議論は今日的なものです。それらの事案から普遍的な解釈論を抽出してみなさんに提供するというのが本書の課題だったわけです。いかがでしたでしょうか。本書のメニューを再確認していただければ、その意味がおわかりいただけると思います。

　さて、最後に執筆の筆をおく前に、本書の内容の再確認をいたしましょう。

第 1 部

　租税法律主義のもと、租税法の解釈では厳格性が要請されています。その要請に従えば、文理解釈が優先されることになります。

第2部

　租税法に特有の解釈論を学習するのが、この第2部です。まず、解釈論の一般的ルールを確認しました。

　そのうえで、文理解釈を優先的に行うとしても、そこで得られた結論の検証作業としての立法趣旨との整合性チェックが必要となります。そして、そのチェックにおいて、文理解釈で得られた結論が法条の趣旨に反している場合には、目的論的解釈によって、解釈結果に補正を加える必要がありました。目的論的解釈では、用語の意義を趣旨に応じて拡張したり縮小したりすることがあります。

　ここでは、目的論的解釈による検証の重要性を確認しました。

第3部

　文理解釈を行うためには、そもそも、法条で用いられている用語（概念）の意味が明らかにされなければなりません。そこで、概念の解釈論が重要性を帯びることになります。ここでは、借用概念や固有概念、一般概念について確認をしました。具体的には、借用概念論においては私法からの借用のみならず、公法・会計からの借用もあり得るのか、同じ租税法内においても用語の意味が異なることがあり得るのか、同じ個別税法内においても用語の意味が異なることがあり得るのかといった問題を学習しました。これらの問題の学習を通じて、用語の意義を考える際にも、やはり法の趣旨というものを完全に無視して機械的にはなし得ないという問題関心を共有しました。そして、民法が目的適合説の立場から概念を論じることがあることにも触れました。

　これら3部構成による本書を通覧していただくと、租税法における解釈論の入門的知識を整理することができるはずです。ぜひ、本書で得た理解を、実際の租税法の解釈適用に活かしていただければ幸いに存じます。

事項索引

判例索引

著者紹介

酒井克彦(さかい　かつひこ)

1963年2月東京都生まれ。

中央大学大学院法学研究科博士課程修了。法学博士(中央大学)。中央大学大学院法務研究科教授。

著書に、『クローズアップ課税要件事実論〔第6版〕』(2021)、『スタートアップ租税怯〔第4版〕』(2021)、『ステップアップ租税法と私法』(2019)、『クローズアップ事業承継税制』(2019〔編著〕)、『クローズアップ保険税務』(2017〔編著〕)、『クローズアップ租税行政法〔第2版〕』(2016)、『所得税法の論点研究』(2011)、『ブラッシュアップ租税法』(2011)、『フォローアップ租税法』(2010)(以上、財経詳報社)、『通達のチェックポイント―消費税軽減税率Q&A等の検討と裁判事例精選10』(2022〔編著〕)、『同一相続税裁判事例精選20』(2019〔編著〕)、『同一所得税裁判事例精選20』(2018〔編著〕)、『同一法人税裁判事例精選20』(2017〔編著〕)、『アクセス税務通達の読み方』(2016)(以上、第一法規)、『プログレッシブ税務会計論I〔第2版〕』(2018)、『同Ⅱ〔第2版〕』(2018)、『同Ⅲ』(2019)、『同Ⅳ』(2020)(以上、中央経済社)、『「正当な理由」をめぐる認定判断と税務解釈』(2015)、『「相当性」をめぐる認定判断と税務解釈』(2013)(以上、清文社)、『キャッチアップ企業法務・税務コンプライアンス』(ぎょうせい2020〔編著〕)、『キャッチアップデジタル情報社会の税務』(2020〔編著〕)、『キャッチアップ保険の税務』(2019〔編著〕)、『キャッチアップ外国人労働者の税務』(2019〔編著〕)、『キャッチアップ改正相続法の税務』(2019〔編著〕)、『キャッチアップ仮想通貨の最新税務』(2018〔編著〕)、『新しい加算税の実務』(2016〔編著〕)、『附帯税の理論と実務』(2010)(以上、ぎょうせい)、『裁判例からみる加算税』(2022)、『裁判例からみる所得税法〔2訂版〕』(2021)、『裁判例からみる保険税務』(2021〔編著〕)、『裁判例からみる相続税法〔4訂版〕』(2021〔共著〕)、『裁判例からみる税務調査』(2020)、『裁判例からみる法人税法〔3訂版〕』(2019)、『行政事件訴訟法と租税争訟』(2010)(以上、大蔵財務協会)、『租税正義と国税通則法総則』(信山社2018〔共編〕)などがある。その他、論文多数。

レクチャー租税法解釈入門〔第 2 版〕

2015（平成27）年11月15日	初　版 1 刷発行
2023（令和 5 ）年 7 月30日	第 2 版 1 刷発行
2024（令和 6 ）年 8 月15日	同　　2 刷発行

著　者　酒 井 克 彦

発行者　鯉 渕 友 南

発行所　株式会社　弘 文 堂　　101-0062　東京都千代田区神田駿河台 1 の 7
　　　　　　　　　　　　　　　　TEL 03（3294）4801　　振替 00120-6-53909
　　　　　　　　　　　　　　　　https://www.koubundou.co.jp

装　丁　笠 井 亞 子

印　刷　三美印刷

製　本　井上製本所

ISBN978-4-335-35948-4